U0677183

北京市农业

北京市城市农业模式构建与典型案例

杨 林 潘 勇 魏金康 祝 宁 主编

中国农业出版社

北 京

图书在版编目（CIP）数据

北京市城市农业模式构建与典型案例 / 杨林等主编. --
北京：中国农业出版社，2025.6. -- ISBN 978-7-109
-33524-0

Ⅰ.F327.1

中国国家版本馆CIP数据核字第2025JY1809号

中国农业出版社出版

地址：北京市朝阳区麦子店街18号楼

邮编：100125

策划编辑：刁乾超

责任编辑：任红伟　　文字编辑：赵冬博

版式设计：李文革　　责任校对：吴丽婷　　责任印制：王　宏

印刷：中农印务有限公司

版次：2025年6月第1版

印次：2025年6月北京第1次印刷

发行：新华书店北京发行所

开本：889mm×1194mm　1/20

印张：8

字数：210千字

定价：88.00元

版权所有·侵权必究

凡购买本社图书，如有印装质量问题，我社负责调换。

服务电话：010 - 59195115　010 - 59194918

北 京 市 城 市 农 业 模 式 构 建 与 典 型 案 例

编委会

主　编：···

杨　林（北京市农业技术推广站）

潘　勇（北京市农业技术推广站）

魏金康（北京市农业技术推广站）

祝　宁（北京市昌平区农业技术推广站）

副主编：···

王　帅（北京市农业技术推广站）

李　勋（北京市农业技术推广站）

赵　菲（北京市农业技术推广站）

聂紫瑾（北京市农业技术推广站）

参　编：

赵立群（北京市农业技术推广站）

韦　强（北京市农业技术推广站）

郑丽静（北京市农业技术推广站）

胡晓艳（北京市农业技术推广站）

齐长红（北京市昌平区农业技术推广站）

康　勇（北京市昌平区农业技术推广站）

蔡连卫（北京市昌平区农业技术推广站）

于　畅（北京市昌平区农业技术推广站）

于静湜（北京市昌平区农业技术推广站）

张　雁（北京市朝阳区农业农村综合服务中心）

栾和雨（北京市朝阳区农业农村综合服务中心）

栾　鸣（北京温榆河公园建设管理有限公司）

李丽霞（北京温榆河公园建设管理有限公司）

刘　镇（北京温榆河公园建设管理有限公司）

崔东平（北京温榆河公园建设管理有限公司）

贡瑞明（北京市海淀区农业技术综合服务中心）

张军民（北京市海淀区植物组织培养技术实验室）

姜玉东（北京市海淀区植物组织培养技术实验室）

尚卫东（北京西藏中学）

李睿旋（北京西藏中学）

刘　杰（北京西藏中学）

孙好丞（北京西藏中学）

前言

　　随着北京市新版城市总体规划的明确与实施，首都农业功能定位和空间格局也随之产生了深刻的变化，首都农业产业已经从生产导向型向产业融合发展型转变，同时农业功能中服务生活和改善生态的功能也日益凸显。在北京市"大城市小农业"和"大京郊小城区"的空间格局和产业发展的背景下，近年来，北京市的城市农业发展轮廓逐渐清晰，陆续涌现出公园农业、校园农业、庭院农业等一系列城市农业的新空间、新场景。不同于传统的郊区农业空间，城市农业空间具有自身的特点，而城市农业的发展也面临着诸多机遇与挑战，但是当前将城市农业作为主要研究课题的专业书籍或科普书籍还比较有限，基于此，编写本书以期为我国城市农业发展贡献绵薄之力。本书既适合中小学教师、公园管理技术人员、农业新主体业主以及相关农业行业技术人员作为工具书使用，也适合其他读者作为农业科普读物阅读。

　　城市农业是一个新兴的业态，也是多学科交融度较高的领域，鉴于编写团队水平有限，本书在编写过程中难免有不足之处，希望读者朋友多加指正。

杨　林

2025年5月26日

目录

第一章

城市农业相关概念

一、城市农业概念的形成及演变

目前，学术界普遍认为"城市农业"（urban agriculture，UA）作为一个正式的学术概念，由美国农业经济学家艾伦·尼斯在1977年提出。其实早在20世纪30年代，日本学者已经提出了"都市农业"这一概念，其最早出现在1930年出版的《大坂府农会报》上，而"都市农业"作为特定的学术名词最早出现在日本学者青鹿四郎1935年出版的《农业经济地理》一书中。20世纪50年代末至60年代初，美国的一些经济学家开始研究都市农业，最初将该领域的研究概念表述为"城市农业区域"或"城市农业生产方式"。直到1977年，美国农业经济学家艾伦·尼斯撰写的《日本农业模式》中明确提出"城市农业"一词，使其成为一个世界范围所公认的学术概念。

由于"城市"在日文中的汉字书写形式为"都市"，因此"城市农业"在日文中用汉字书写即为"都市农业"。这里需要特别指出的是，由于"都市农业"这一概念在汉语语境下的使用也是比较频繁的，普遍认为"都市农业"的适用范围要比"城市农业"更为广泛。在我国，"都市农业"一般可以指代大型城市周边的高端农业产业，常具有"都市型农业""都市型现代农业"等关联性词语，着重强调依托大型城市发展，拥有先进的科学技术和现代化设施并具有先进的管理技术。而近年来，基于城乡融合发展理念的"城市农业"业态在我国也逐步形成较为清晰的轮廓，因此笔者为了更准确地阐述本书所研究的领域范围，全部使用"城市农业"一词来表述相关概念。

"城市农业"这一概念也经历了较长时间的演变，吴建寨等学者在《国外城市农业研究进展及展望》中对城市农业的定义进行过系统而翔实的梳理。其中影响力较大的有Smit等学者于1992年提出的定义："城市农业是为响应城镇、城市消费者的日常需求，以分散在城市和城郊地区的陆地和水域生产、加工和销售食品的行业。"1999年，联合国粮食及农业组织（FAO）将城市农业定义为在城市内的小区域，如在城市空地、花园、边缘、阳台等处，用于种植农作物，饲养小型牲畜或奶牛，以供自己消费或在邻里市场销售的产业形态。Mougeot等学者于2000年提出了城市农业的另一个定义："位于城镇、城市或大城市或郊区，种植或养殖、加工、分配多样化的食品和非食品产品，使用在该市区周围的大量人力、物力、服务，并反过来主要向该市区提供人力、物力、产品和服务的行业。"在此思路下，联合国粮食及农业组织（FAO）于2007年进一步完善了对城市农业的描述，提出"城市农业发展要利用城市资源，与城市其他功能存在水土资源竞争，受城市政策和计划影响，并对城市社会和经济发展有促进作用，它是城市社会经济和生态系统的动态、不可分割的组成部分"。联合国粮食及农业组织（FAO）还指出，融入当地城市经济和生态系统是城市农业的一个关键属性，并提出城市农业与农区农业的区别不仅仅是依据空间位置来界定的，更多要依据是否嵌入城市系统并与其相互作用。

通过前人的研究，我们不难看出城市农业的概念与分布空间、组织形式、生产要素等息息相关。这些官方或学术层面的定义，其实并不能完全准确地反映出某一特定时间和空间维度下城市农业的样貌，处于不同经济社会状态下的不同国家，其城市农业的主要功能特征、实践经营模式，以及具体分布空间其实存在着很大差异。基于我国国情和城市农业的实际发展态势，笔者比较倾向于周德翼等学者在《城市农业的理论研究与实践》中提出的城市农业概念，即"在城市空间或周边地区，利用城市中的生产要素发展而成的服务于城市的社会、经济、生态、文化需要的农业生产"。

二、城市农业的发展历程

人类的文明进程与农业发展息息相关，稳定的食物来源是早期人类定居的基本前提。因此，农业与聚落之间存在天然而紧密的依存关系，城市作为人类生活的聚居方式逐渐形成，其与农业要素的结合在保障食物安全方面具有重要的战略意义，这一进程最终推动早期人类社会向农业社会转变。因此，可以说从城市出现伊始就有农业的身影。农业融入城市空间具有悠久的历史。从古代城市乌尔、乌鲁克和埃利都的花园及菜园，到巴比伦"空中花园"和意大利庞贝古城中"神秘别墅"的屋顶花园，再到中国西周时期以生产为主的囿、圃，这些人类的宝贵遗产表明，从世界范围内来看，农业空间都曾经是城市空间重要的组成部分。

在此后的人类历史进程中，随着城市功能逐步向政治、军事、贸易等方向倾斜，农业空间逐步向城郊转移，呈现出农业空间与城市空间分离的整体趋势，这种态势一直延续到工业革命。工业革命所引发的"圈地运动"给了城市农业一次全新的发展契机，英国于1845年颁布的《一般圈地法》以法律形式明确了"份地农园"（allotment garden）这种小规模的城市农业形式，规定失地贫民可获得0.25英亩①的"份地农园"，这种新兴的城市农业形态在"圈地运动"中发挥了救济和安抚失地农民和城市劳工的作用。在之后的数十年里，"份地运动"在整个欧洲兴起并影响至北美洲，美国在两次世界大战期间也先后发起"胜利农园"和"战争花园"，旨在推进应对战争冲击的城市种植计划，并取得了很好的效果，基于生产功能的城市农业形态也迎来了发展高峰。冷战时期，古巴为了应对东欧剧变和外部封锁，哈瓦那等城市开展的农业实践成功适应了由政治变迁带来的经济冲击。可以看到，城市农业在近现代人类历史中也扮演着食品供应保障和稳定就业的双重角色。

冷战结束后，世界格局呈现多极化发展趋势，全球化进程加快，和平与发展成为全球的主旋律，城

① 英亩为非法定计量单位，1英亩≈0.405hm²。——编者注

市农业也呈现出多元化的发展样貌。尤其在一些发达国家，为复兴社区和城市中心区，人们把希望寄托于城市农业，这种观点无疑为后工业革命背景下的城乡关系和城市共生提供了思想支撑。近年来，随着社会经济进步，城市农业在很多国家都有了新的探索和发展，已经从原先单一的食物生产保障，衍生出了美学、科教、娱乐、环保等相关功能，成为推动城市发展的新力量。

三、城市农业的现实意义

从城市农业的发展历程中不难看出，人类进入工业时代后，尤其是在面临战争、封锁及疫情等重大社会变迁时，城市农业可以为城市居民提供食品，某种程度上甚至成为保障粮食安全的稳定器。而在经济平稳时期，基于食品保障功能的城市农业逐渐退出城市空间，城市农业更多作为一种具有提高社区活力、改善城市环境和提升城市韧性等功能的有效路径，吸引着诸多领域学者的关注。因此，当下城市农业的现实意义也是颇为丰富的，集中表现在以下3个方面。

第一，从社会层面来看，即使在当今世界，城市农业依然在应对社会突发情况方面显示出深远的战略意义。譬如前些年为应对新冠疫情，英国的"份地农园"以及墨西哥阿兹特克时期的"空中花园"（floating gardens）均出现复兴趋势，德国、以色列、加拿大等国的城市农业活动也明显增加，不难看出城市农业在新冠疫情全球大流行期间仍发挥着社会突发危机缓冲器的重要作用。城市农业对社会的贡献除了供给食物外，还衍生出科普、教育、美学、娱乐、康养等社会功能，成为推动社会多元健康发展的多功能空间。尤其是城市农业在科普研学、自然美育和康养疗愈方面的功效已经越来越获得全社会的关注和认可。在北京、上海等城市，很多中小学都开辟出袖珍型的校园农园或屋顶菜园，形成场景化的学农空间，学生们可以在学农劳技课中提升动手能力，学习农业知识，了解农耕文化，避免这些较少参与农事活动的新生代出现"四体不勤、五谷不分"的情况。与此同时，城市农业可以很好地融入自然疗愈、园艺疗法等理念，能够为社区中的老人、儿童、残疾人等弱势群体提供休闲、康复、治疗等服务，很多大城市的街道都出现了"邻里花园""园艺驿站"等社区功能空间，在促进居民身心健康，增加居民福祉方面具有很大的潜能。

第二，从经济层面来看，虽然城市农业的发展很难获得巨大利润，但也并非完全无利可图。抛开城市农业在战时、疫病、封锁等非常时期的供给保障功能，即使在经济相对平稳时期，城市农业也是一类可以吸纳就业、促进上下游产业链衔接、带动城乡要素交融的产业。如近年来在城市郊野公园和一些综合型商贸中心中出现的"市民农园""农夫集市""乐活农场"，都吸纳了科普、教培、农业等相关产业的从业人员就业，吸引了很多市民消费，同时也带动了上下游一些衍生产业链的发展。

第三，从生态环境层面来看，一些研究已经证实了城市农业有助于微气候调节，城市农业通过循环利用水和有机废物还有望实现城市系统内的养分循环，同时在蓄滞洪水等方面也可以发挥积极的作用。目前，大型城市在市政园林绿化方面更多采用乔、灌、草结合的模拟森林生境结构，而城市农业更类似于草原或湿地生境结构，与园林绿化形成嵌合格局，可以为更多鸟类及昆虫提供生境支撑，也有助于加强城市生物多样性保护。因此，城市农业在小气候调节、养分循环、雨洪管理、生物多样性保护和提高水资源利用率等方面是重要的生态助力。

第二章

国内外城市农业研究与发展现状

一、国外城市农业领域的研究

城市农业领域的研究基本上可以追溯到后工业革命时期，当时西方学者更多地关注和研究人类发展和自然环境的关系，而明确将农业与人居环境相结合的思想直到19世纪末才出现，不同学者提出了在空间形态层面城市空间与农业景观或集中或分散融合的设计观点，先后出现了"田园城市""广亩城""农业开发单元"等理念，深入探讨了实现城市与农业要素融合的路径。此后的研究中，一系列基于提升人居环境和增强城市韧性的理念先后被提出，莫里森（Bill Mollison）和洪格兰（David Holmgren）合作构建所提出的"永续农业"（permaculture）理论提供了一套整合农业与人居环境的方案，通过整合土地、水、生物、废弃物和人居环境等要素，将各要素配置到合适位置并使其形成紧密、循环、高效且易于维护的生产系统。保罗·索莱里（Paolo Soleri）提出"生态建筑学"（acrology）理论框架，提倡对有限的资源进行设计优化和充分利用，在实验性生态建筑中引入农作物，保留一部分用于农业生产的空间。安德烈·维尤恩（Andrew Viljoen）等提出的"连贯式生产性城市景观"（CPULs）理念，倡导通过城市中绿化开放空间网络的相互连接，形成农业和其他景观元素相结合的城市空间，从而具有空间上的连续性，在废物利用、洪水适应、建筑能耗降低、新鲜食材供应和居民健康提升等方面具有极大潜力。

二、国内城市农业领域的研究

国内城市农业领域的研究起步较晚，学者俞孔坚等在景观生态尤其是海绵城市领域有较为深入的研究和实践，提出农业和都市融合将成为历史必然，主张将农业引入城市，使其成为城市景观的绿色基质，并尝试在大尺度空间设计中引入农业景观，使之作为空间划分的手段和生产性景观与城市中的其他景观加以融合。李倞在《现代城市农业景观基础设施》一文中将现代农业景观划分为城市立体农业景观、社区农业景观和农业主题公园3类，并结合国外优秀案例对其布局特点、种植方式、运营模式等方面进行了详细讨论，为国内城市农业的发展明确了一些路径。目前在国内外学术界，城市农业已经成为一个学科交融度很高的热点领域，涉及城市规划、农业、生态、人文等诸多学科。

三、国内外城市农业发展现状

1. 中国上海

上海是中国最大的国际经济中心和重要的国际金融中心，也是重要的国际贸易和航运中心，是中国经济发展最活跃、开放程度最高的城市之一。同时，上海也是中国人口密度最高、人均耕地面积最低的区域之一。因此，这个城市的城市农业发展非常具有时代和空间的代表性。上海的城市农业主要体现为两种形态，一种是位于商业中心的场景化农业项目，最有代表性的是"V-ROOF 天空菜园"项目，该项目位于商业广场的屋顶，主要利用市民认养的屋顶农田为用户培育蔬菜并配送，同时还配有简单健康的餐饮服务；另一个类似的案例是位于上海 K11 艺术购物中心的"都市农庄"项目，这是一个在建筑内部建设的占地 $300m^2$ 的都市农场，主要宣传与展示有机农业并提供有机蔬菜餐饮服务，同时也承接农业教育亲子活动。上海城市农业的另一种形态是多功能农业综合体，这类项目的代表是位于崇明岛的"设计丰收"项目，该项目由同济大学参与设计，在多功能农业综合体内配套有农业教育、民宿养生、休闲旅游、特色农产品展销等服务。

2. 日本东京

作为东北亚地区最具影响力的国际化大都市之一，同时也是都市农业的最早践行地区，日本东京的城市农业发展非常具有区域代表性。由于日本一直面临着国土面积有限、人口众多的压力，日本政府采取了一系列耕地保护政策，所以在日本很多城市都保留了一定面积的耕地。东京市域内的城市耕地体现为点状分布和片状分布，主要种植作物包括蔬菜、水稻、花卉和苗木，同时东京也保留了一定规模的畜牧生产，可以为有机蔬菜生产提供一定的肥料供给。东京在城市农业的精细化管理和轻简化生产上投入很大，农艺设施设备实现了小型化、集约化和现代化，园艺产品从播种到成品包装基本上实现了全程机械化。此外，通过科技赋能的高楼农业和地下农业也实现了将农业生产融入城市建筑的愿景。

3. 法国巴黎

巴黎所处的大巴黎地区是法国农业最先进的地区之一，农业用地面积占比很大，主要生产包括小麦、燕麦、蔬菜和葡萄等农产品。巴黎的农业以家庭农园为核心载体，这些家庭农园既可以充分利用土地带动区域就业，又为市民提供了休闲体验活动的场所，同时也是城市景观的重要补充。巴黎周边遍布着这类家庭农园，多位于距离市区较近、交通便利的区域。这些家庭农园的土地所有权各有不同，功能也非常多样，包括教育农场、市民农园等。其中教育农场由政府向土地所有者租用土地，然后将一部分规划为农业部门所属的培训中心，或者辟为自然教育中心，另一部分再租给农业工作者耕种。这些培训/教育中心的经费一般要自行解决，主要依靠农业和土地的经营。同时很多家庭农园都会提供"市民农园"服务项目，市民可以通过缴纳会费加入家庭农园协会来租种农园，并按租种面积缴纳租金，如需委托农园主代为管理还要另付费用。

4.英国伦敦

英国伦敦在制定城市规划时非常重视农业的生态价值，因此农业作为伦敦城市绿带的重要组成部分，对于伦敦打造宜居城市功不可没。伦敦城市农业的主要载体为多种类型的农场，包括划拨的地块、城市农场、社区公园果园、本地政府的出租农场等多种类型。伦敦的城市农场中，只有少部分是完全由当地政府所有并经营的，其他的大部分都由各个慈善基金会运营。这些农场针对社区，并由城市农场和社区公园联合会（FCFCG）管理，且大部分城市农场是在城市荒地或垃圾填埋地的基础上建成的。而随着新冠疫情对社会带来的冲击和引发的思考，伦敦"小园地"（allotments）模式作为"份地农园"的现代形式近年来也发展得有声有色。与此同时，英国人对于园艺的热爱是深入骨髓的，很多市民习惯在自家的后院、阳台或窗台上种植作物，而且这种非正规生产性的家庭园艺种植也为伦敦的城市农业发展注入了一股活力。

5.美国纽约

纽约作为国际化大都市和全球金融中心，在城市建设时格外注重城市韧性和人文关怀。纽约城市农业的主要形式是耕种社区或市民农园，其采用农场与社区互助的组织形式，因此也被称为社区支援型农场，这些社区支援型农场大部分由城市低收入群体社团来经营，为低收入者提供了就业增收渠道，同时也在一定程度上保障了城市农产品质量安全。同时，纽约也在城市空间中积极探索城市农业场景，提供农业、食物以及环境意义方面的情景化教育。曼哈顿某儿童学校将屋顶花园和温室作为传授食物及营养相关知识、培养青少年环境意识的科普研学中心。纽约城市农业的另一个成功案例是位于哈德逊河河面的一艘"科学驳船"，它是在废旧驳船基础上改造的城市温室，温室中种植了品种丰富的蔬菜，开展种植生产的同时也在进行科普教育，已培训了为数众多的教师和学生。

6.以色列特拉维夫

众所周知，以色列是一个极度干旱缺水的国度，自然条件十分恶劣，但以色列在节水灌溉领域的独树一帜带动了其高效农业发展，从而跻身世界农业强国行列。在其著名城市特拉维夫市中心有一座历史悠久的商业中心——迪森高夫（Dizengoff）购物中心，在这个购物中心内有一个名为绿色城市（Green in the City）的城市农业项目。这个项目主体部分为一套复杂的水培系统，构筑在购物中心的建筑内部和屋顶，由展示区和生产区组成。展示区主要展示了水培浮床、管道栽培、鱼菜共生系统和屋顶生态绿地等，每个部分都有对应的展示说明，已经成为当地著名的科普研学场所。该项目也具备相当可观的生产效能，可以直接向购物中心内的一家咖啡馆、一家花园餐厅以及该购物中心的农夫市场供应新鲜蔬菜，形成了商业微循环和良性运营。除此之外，该项目还建有一个苗圃以及10个蜂房，蔬菜和苗木的供给可以在城市内部完成，从而降低了物流成本和损耗，有效减少了城市碳足迹，在社会、经济和生态层面充分体现了城市农业的多种功能。

7.荷兰鹿特丹

荷兰农业的发达程度全世界有目共睹，而荷兰对于城市农业的发展也十分重视，而且进行了顶层规划设计。比如在荷兰著名的港口城市鹿特丹，当地城市农业委员会近些年开展了"可食性的鹿特丹"（Edible Rotterdam）项目，旨在将城市农业作为提高城市宜居水准的新路径，多个来自城乡规划、景观学、建筑、农业科技等不同领域的专家团队参与其中。鹿特丹城市农业空间研究的范围集中在城市中心及部分边缘地区，研究首先对具有发展潜力的城市农业类型进行了系统分析梳理，形成一系列农业空间联合城市内部的量化指标，最终作为判断每种城市类型可能出现的城市空间区位的依据，将城市农业分为农业公园、小块耕作土地、屋顶农业用地、屋顶水培温室、复合养殖用地5种城市农业类型，并绘制了城市农业机会地图，将每种城市农业类型在城市中可能出现的空间区位以分布图的形式呈现出来。鹿特丹城市农业空间研究是基于理想与现实的结合，将农业整合进城市各个层面的城市农业规划策略，该策略提倡以一种顺应城市绿色健康发展潮流的设计方法发展城市农业，并通过科学的规划方法，在正确的地点以适当的形式开展农业活动，引导和激发城市居民参加城市农业活动。

第三章

北京市城市农业发展概况

一、北京市城市农业发展历程

北京市城市农业经历了一个比较漫长的发展过程，这一过程是与北京市的城市化进程相随的。北京市的城市化发展进程可以分为初期阶段、快速发展阶段和稳定发展阶段。初期阶段是指1949年新中国成立后的城市化起步阶段，这一阶段主要集中在城市基础设施建设和人口迁移。快速发展阶段是指改革开放后到2015年，这一阶段主要体现在城市化进程的迅猛发展和人口的爆发式增长。稳定发展阶段是2015年至今，这一阶段主要体现在城市化进程逐渐趋于稳定、城市功能趋于完善、人口增长逐步放缓。

北京市的城市农业大致可以分为自发发展阶段、探索发展阶段和多元发展阶段。其中自发发展阶段经历的时间较为漫长，从1949年新中国成立一直延续到20世纪80年代中期，这一阶段市民的经济生活水平还相对较低，北京市的老城区平房院落及各单位大院内部，经常会有一些市民自发性利用有限空间开展农业种植、养殖活动，城市农业在物质条件相对匮乏时期为城市居民提供了一定的食品资源。探索发展阶段是北京市城市化最为迅速发展的时期，这一时期原本在城市内呈镶嵌状分布的一些农田逐步退出并转为城市发展的建设用地。与此同时伴随社会经济快速发展，融入城市生活已久的人们开始向往田园生活。因此，这一时期城郊的休闲农庄和城市内的生态餐厅蓬勃发展，一些学校也开始在校园内建立小农园、百草园等学习实践基地，人们开始不断探索城市农业的新场景和新业态。多元发展阶段表现为北京市城市化进程趋于稳定，城市和人口的爆发式增量发展逐步转向更为健康可持续的控制性发展。在这一阶段，生态宜居成为北京市城市规划的主旋律，城市农业开始迎来多元化发展时期，校园农业、园艺驿站、屋顶农园、庭院农业、公园农业、市民农园、"农夫市集"等城市农业的各种场景形态如雨后春笋般涌现，功能也日趋差异化，北京市城市农业形成了多元发展的格局。

二、北京市城市农业发展现状概况

在经过较长时间的探索发展后，现阶段北京市城市农业已经初具规模，从城市大尺度空间格局来看可以分为城区、近郊和远郊3个空间区域。城区包括东城区、西城区、朝阳区、海淀区、丰台区和石景山区，这个区域处于北京市城市化的中心，也是北京市城市农业最主要、形态最丰富的发展区域，基本涵盖了校园农业、园艺驿站、屋顶农园、庭院农业、公园农业、市民农园、"农夫市集"等空间场景。近郊主要包括通州区、昌平区、顺义区、大兴区，这一区域城市化进程也比较深刻，形成了大量承接城市居民的住宅区，公园和学校配套也较为丰富，同时近郊很多农业园区也开辟有市民农园，因此近郊区域也发展出校园农业、庭院农业、公园农业、市民农园等城市农业场景。远郊主要包括怀柔区、密云区、房山区、门头沟区、延庆区、平谷区，这一区域属于北京市的生态涵养区，距离城市中心较远，人口密度相对较低，主要承接市民周末和节假日短途出行，因此也发展出了一些与城市服务功能紧密关联的城市农业场景，比如在一些新兴农业综合体项目中会嵌入市民农园、可食地景花园、"农夫市集"等城市农业场景，同时近年来乡村民宿产业方兴未艾，远郊的庭院农业发展也较为普遍。

三、北京市城市农业主要场景

1. 公园农业场景

随着北京市建设生态宜居城市这一目标有序推进，众多城市郊野公园应运而生，在这些郊野公园中包含一定比例的农业用地，因此近年来公园农业已经成为北京市城市农业发展中最重要，同时也是规模最大的空间场景。譬如北京市目前规模最大的城市郊野公园——北京温榆河公园，公园内基本农田有4 000余亩[1]，是北京市目前开放和在建城市郊野公园中农田面积最大、农田类型最多的一个，已经成为北京市城市农业的重要展示窗口。公园农业场景中常包含城市农业中最为稀缺的规模农田，甚至还有梯田、水田等相对少见的农田类型，因此也是在城市中构建景观化农田场景的主要空间。与此同时，公园农业场景的空间相对开阔，生产资料运输和机械化作业的可操作性较强，可以引导规模化种植兼具景观性和生产性的粮油作物，如油菜花、向日葵、高粱等。公园作为对公众开放程度较高的场所，在城市农业运营方面可以结合配套建设用地开展市场化的科普研学、农事体验、自然教育等活动，为市民的休闲游憩生活提供更多选择。

2. 校园农业场景

校园农业在北京市有相对较长的发展历史，尤其是在进入21世纪全面推进中小学生素质教育后，部分有一定发展空间的学校开始在校园内建设农业场景化教育场所，并结合科学或劳技等课程开设学农课程。北京市的校园农业空间大致包含3种类型：一是城区一些新建校或郊区学校，校园用地比较充足，可规划建设用于校内学农教育的农田或微田园；二是部分学校利用现有花房或暖棚等空间改造建设用于校内研学教育的教学温室；三是利用学校部分符合建设标准的楼宇屋顶改造建设屋顶农园或屋顶花园。这3类校园农业空间建设得比较成功的代表有北京学校的学农试验田、史家胡同小学的屋顶小农庄、北

---

① 亩为非法定计量单位，1亩≈0.0667hm²。——编者注

京西藏中学的科普研学温室等。校园农业场景的首要目的是场景化教学，考虑到学生的参与性和维护管理，因此空间规模不宜过大，作物品种应尽量丰富，同时侧重选择观赏性佳、生育期长、容易管理的品种。

3. 居所农业场景

居所农业场景是指民众居住场所内部及附近空间的城市农业场景，是所有城市农业场景中自发性和民众参与程度最高的一类，包含耳熟能详的阳台农业、庭院农业以及社区农业等场景。其中阳台农业是目前城市农业中最为普及同时也最为狭小的种植空间，受阳台朝向、封闭程度等条件影响较大，环境缓冲性低，不推荐使用农药，对种植者的时间投入、管理经验和应对策略要求较高。庭院农业是操作性相对较容易的居所农业场景，根据庭院位置又可以分为城区庭院和郊区庭院，城区庭院通常面积较小，多为容器种植，郊区庭院面积相对较大，部分没有完全硬化的庭院可以兼顾地栽和容器种植，近年来随着民宿经济的崛起，郊区庭院农业的发展较为迅速。社区农业目前只是在探索初期，可分为两种类型，一类是为了丰富市民的文化生活，政府引导建设的园艺驿站，驿站中会售卖一些园艺产品，并会定期组织一些园艺类活动，多具有一定的公益属性；另一类是街道或社区工作站引导市民在公共区域建设的微型邻里田园或口袋花园，其目的多为丰富社区内老年人生活，增进邻里友谊。

4. 商业空间场景

商业空间是向人们提供有关设施、产品、服务以满足商业活动的空间，包括商业中心、超市、商场、商业写字楼、步行街等空间。一些发达国家已经在商业空间中运用城市农业场景开展过一些设计案例探索，虽然我国在这方面的工作起步较晚，但上海等城市已经成功落地一些商业空间城市农业项目，如上海 K11 艺术购物中心的"都市农庄"项目等。北京市目前在商业空间打造城市农业场景方面也开展了一定的探索实践，大致可以分为两类，一类是注重展销体验的"农夫市集"，主要是针对城市居民对于高品质生活和食品安全的关注，定期在商业中心开展的主题类集市，比较成功的案例有北京香格里拉饭店和凤凰汇商街的"有机农夫市集"；另一类是应用形式上类似于"快闪式"城市农业场景搭建，这类城市农业场景主要是为市民提供公共空间服务，传递绿色、健康、乐活、可持续发展等理念，并开展一系列公关类展示宣传活动，比较成功的案例有安贞街道华联广场油菜花田、西单更新场下沉广场地肤长廊等。

5. 市民农园场景

市民农园是指在郊区的农场或休闲农业园区中专门开辟出来供城市居民种植体验或提供定制化生

产的城市农业形式，在北京市有很多年的发展历史。市民农园一般设在距离城区较近且交通和停车较便利的地方。经营者会拿出一部分农田划分成块租给不同的市民，供其种植体验，让市民通过承租农地的形式参与农业劳作并体会收获的喜悦。由于城市紧张的生活节奏，市民经常性参与农事管理很难实现，很多市民农园还衍生出一些定制化代管服务，按照协约的模式提供劳务管理，并提供一定的农产品保证，有些经营者更是在园区景观美化和服务上不断优化，提供茶饮、咖啡、简餐等服务，并不定期组织一些游园会、农友集市或交流分享会，形成了一批新元素融合程度较高的市民农园。北京市的市民农园虽然大多地处郊区，有的甚至已经发展到远郊区，但是其定向服务市民，并与市民通过土地承租或农园会员形式绑定，结成了城乡生产要素的联合体，因此市民农园也是城市农业的一类重要场景。

四、北京市城市农业主要技术及模式构建

1.景观化农田营造技术及模式构建

景观化农田营造技术主要选用兼具农业生产性和观赏性的农作物，通过品种组配、适期播种、茬口搭配、轻简省工以及间（套）作等农艺技术的集成，营造出景观优美且观赏期长的农田景观场景，尤其适用于具有一定规模的农田。在北京市比较成熟的景观化农田模式有油菜花—向日葵景观模式、油菜花—荞麦—向日葵景观模式、油菜花—夏玉米景观模式、油菜花—高粱景观模式、油菜花—水稻景观模式以及油菜花—旱稻景观模式，这些模式的前茬均种植短生育期油菜，5月花期结束后可以粉碎还田，然后根据下茬作物的生育期和预计景观效果时间节点安排种植，有条件的区域可以实现全程机械化操作。同时根据农田具体的地形地势，结合前期景观设计策划还可以营造出梯田景观、条带景观、大地艺术景观等观赏性更强的景观化农田。

2.模块化生产装配技术及模式构建

模块化生产装配技术主要借助工业化发展思路，采用标准化模块理念生产植物盆栽并组装搭建形成景观，主要针对在城市农业发展过程中长期困扰产业发展的农作物盆栽产品标准化、通用性欠佳的问题。生产端重点围绕农作物适配化、投入品通用化等方面开展研发，并结合环境调控、水肥统筹、轻简栽培等集约化栽培技术，生产出具备通用性的模块化种植单元。展示应用端通过栽培器具和模块化单元的适配化研究，形成快速景观搭建和产品组装的技术方案。目前该技术已经应用于蔬菜作物、果经作

物、药用植物、芳香植物以及粮油作物，并完成了观赏辣椒、羽衣甘蓝、草莓、薄荷、迷迭香、向日葵、甘薯等作物的模块化生产和快速集成展示，实现了生产、管护、运输、施工以及销售等环节成本的降低。

3. 无土化基质栽培技术及模式构建

无土化基质栽培技术主要针对目前城市农业对于种植基质轻量化、清洁化和环保化方面的需求。通过引进园林废弃物转化材料、蘑菇菌渣、蚯蚓肥、椰糠和泥炭等无土栽培基质，针对不同类型盆栽作物开展基质组配研究，成功筛选出高透海绵型、保水保湿型和生态循环型3种无土基质组配方案，基本可涵盖不同作物、不同场景、不同茬口模块化种植和景观展示的栽培基质需求。在生产端，通过与园林公司、食用菌生产园区等主体合作推广该技术，引导其开展环保化无土栽培基质生产，形成物资包产品，或带动周边园区生产模块化种植产品，从而形成循环农业闭环，也打通了城市农业供应保障的微循环。在展示应用端，通过使用该技术满足了城市农业场景对于种植基质轻量化、清洁化和环保化的需求。

4. 可食地景种植技术及模式构建

可食地景种植技术是一种将食用功能性与美学结合的景观设计技术，通过种植可食用植物（如蔬菜、水果、药用植物等）替代传统观赏植物，打造出既美观又可产出农产品的绿色空间，用可食用植物营造层次多样、色彩繁复和形态丰富的景观，从而打破了"菜园"和"花园"的界限。可食地景种植的主要技术点包含作物品种的选择与茬口搭配、种植基质优化、水肥统筹、绿色防控、伴生种植、生境支撑等。目前可食地景种植技术已经可以根据需求构建适用于不同场景、不同季节的景观，主要应用于城市郊野公园、市民农园以及庭院。通过构建可食地景，人们不仅能享受种植与收获的乐趣，还能重新连接自然与食物，推动形成生态友好的生活方式。

5. 鱼菜共生技术及模式构建

鱼菜共生系统将水产养殖与农作物种植融合，通过巧妙的科学设计，实现协同生态共生。在鱼菜共生系统中，鱼产生的排泄物和食物残渣等会使水体中的氨氮增加，这些水被输送到水培栽培系统后，首先由氨化细菌将水中的氨氮分解为亚硝酸盐，然后再由硝化细菌进一步分解为硝酸盐，硝酸盐可直接被植物作为营养吸收利用，从而实现了"养鱼不换水而无水质忧患，种菜不施肥而正常成长"的生态共生效应。城市农业中所应用的鱼菜共生技术主要包含蔬菜浮床模式、闭锁循环模式和开放循环模式。蔬菜浮床模式使用特制的泡沫板浮体，直接把蔬菜苗固定在漂浮的定植板上进行水培，但存在养分利用效率不高的问题。闭锁循环模式是指养殖部排放的"污水"经由硝化床微生物处理后，以循环的方式进入蔬菜栽培系统，经由蔬菜根系的生物吸收过滤后，又把处理后的"废水"返回至养殖部，水在三者之间形成一个闭路循环的鱼菜共生模式。开放循环模式是指养殖部与种植槽之间不形成闭路循环，将养殖部排放的"污水"作为一次性灌溉用水直接供应蔬菜种植系统而不形成返还回流，每次只对养殖部补充新水的鱼菜共生模式。目前，城市农业中鱼菜共生系统主要用在校园农业等侧重于科技展示的场景，并逐步向轻量化、微型化的家庭种养殖装置发展。

6.垂直农业技术及模式构建

垂直农业技术是一种在多层垂直堆叠的种植系统中进行农业生产的技术，该技术使用钢结构或其他材料搭建多层种植架，充分利用垂直空间，将农作物在垂直方向上分层种植，旨在提高土地利用率和农业生产效率，不受气候条件和传统土地资源的限制。垂直农业主要集成的关键技术包括环境控制技术、无土栽培技术和人工光源技术等。目前在城市农业中基本可以实现温度、湿度、光照和二氧化碳浓度等环境参数的精准调节，为作物生长创造理想条件。同时可以配合基质栽培、水培、雾培等无土栽培方式，使作物根系直接与营养液接触，能精准供应养分，避免土壤病虫害和连作障碍。目前城市农业中的垂直农业系统一般应用在校园农业以及部分商业空间中。

第四章

北京市城市农业特色作物

《北京市城市农业模式构建与典型案例》

一、蔬菜类作物

辣椒 Pepper

拉丁学名 *Capsicum annuum*　　**科属**　茄科辣椒属

形态特征　主根不很发达，根量少，入土浅，根群一般分布在25～30cm深的表土层中。茎木质化，较坚韧。叶片为单叶，互生，呈卵圆形或长卵圆形，无缺刻；叶面光滑，微有光泽；氮素充足时叶片较长，钾肥充足时叶幅较宽。辣椒花较小，花色为白色或绿色；无限分枝型品种的花多为单生花，有限分枝型品种的花多为簇生花；直播出苗后55d左右现蕾。

分布状况　原产于中拉丁美洲热带地区，原产国是墨西哥。我国是辣椒种植和消费大国，辣椒种植主要分布在四川、贵州、湖南、云南、陕西。

生态习性　喜温植物，生长适温为20～30℃。生长过程大约需要3～4个月时间，在生长的过程中，需要保持适宜的光照和湿度，同时合理施肥，保持土壤水分。对土壤有一定的要求，偏爱肥沃、疏松、排水良好的土壤。

应用介绍　辣椒营养丰富、风味多样、生长性强，可鲜食，也可加工成辣椒酱、干辣椒、辣椒油等产品；除了食用价值，辣椒还具有重要的经济价值，辣椒素、辣椒红素、辣椒碱在医疗、食品、工业等领域均有应用。辣椒栽培适应性良好，适合在公园、校园、庭院、屋顶、阳台等城市农业空间种植。

品种推荐　'8819线辣椒''中椒104号''中椒105号''中椒106号'等。

☀	喜光，但怕暴晒
💧	不耐涝，不耐旱
🌡	喜温暖，生长适温为20～30℃
📅	露地4—7月可种植；设施内若温度适宜，一年四季均可种植
✺	直播出苗后55d左右现蕾
🏠	公园、校园、庭院、屋顶、阳台等

甜椒 Sweet Pepper

拉丁学名 *Capsicum annuum*　　**科属**　茄科辣椒属

形态特征　1年生草本。茎直立，基部木质化，分枝能力较差。叶为卵圆形或椭圆形，叶面光滑呈绿色。花瓣白色呈辐射状；10～30℃时可以正常开花受精。果实较大，呈灯笼状，表面光滑，皮色有绿色、红色、黄色、白色等。

分布状况　原产于热带地区。于明朝末年传入我国，在我国的主要分布地区包括四川、贵州、湖南、云南、河北、山东等地。此外，在我国的其他主要种植区域还包括东北、西北、华北地区及华南沿海一带。

生态习性　喜温暖天气，较耐高温。喜欢散射光但怕烈日强光，不耐干旱更不耐涝，要求较低空气湿度，宜种植于土层深厚、排水良好的有机质土或沙质土。播种、栽植为主要繁殖方式。

应用介绍　甜椒性热，味辛，归心、脾经，能调节糖代谢，显著降低血糖水平，有利尿和防腐等功效，还具有抗癌、明目、提高免疫力的作用。甜椒栽培适应性良好，适合在公园、校园、庭院、屋顶、阳台等城市农业空间种植。

品种推荐　'京甜3号''中椒1615''塔兰多''特奎那'等。

☀	喜光，但怕暴晒
💧	既不耐旱，又不耐涝
🌡	生长适温日间为27～28℃，夜间为18～20℃
🗓	露地4月可定植；设施内四季均可栽培
✳	10～30℃时可以正常开花受精
🏠	公园、校园、庭院、屋顶、阳台等

观赏辣椒 Ornamental Pepper

拉丁学名　*Capsicum* spp.　　科属　茄科辣椒属

形态特征　多为1年生观果小灌木。株高15～90cm。茎部木质化，近无毛或微生绒毛，多为假2叉分枝，个别为3叉分枝，分枝能力强。单叶，互生，全缘，多为卵圆形、矩圆状卵形或卵状披针形；叶色多为浅绿至深绿，个别品种为紫色。花单生，有花梗，俯垂或朝天；花瓣为白色、绿白色、浅紫色或紫色；自然花期为7—10月。

分布状况　为辣椒的一个变种或品种群，原产于中拉丁美洲热带地区。我国大部分地区均有种植。

生态习性　喜阳光充足、温暖的环境，不耐寒，喜湿润、肥沃的土壤，高温易导致落花落果甚至死亡。生长适温为22～25℃，低于10℃或高于35℃则会发育不良。对光照要求不严，但光照不足会延迟结果并降低坐果率，另外，高温、干旱、强光下易发生日灼。

应用介绍　观赏辣椒种类繁多，果形多样，有樱桃形、球形、羊角形、牛角形、风铃形、灯笼形、长指形等。果色丰富，有红色、黄色、紫色、橙色、白色等。观赏辣椒正以观赏价值高、观赏期长、适应性好等特点逐渐成为家庭园艺、观光农业、阳台菜园的主栽果菜类群，适合在公园、校园、庭院、屋顶、阳台等城市农业空间种植。

品种推荐　'蟠桃椒''五彩椒''紫色摇滚''火山''赛多纳阳光'等。

☀	喜光，不耐阴
💧	较耐旱，不耐涝
🌡	喜温暖，生长适温为22～25℃
📅	露地4月、8—9月可定植；室内全年可种植
✺	自然花期为7—10月
🏛	公园、校园、庭院、屋顶、阳台等

番茄 Tomato

拉丁学名　*Solanum lycopersicum*　　　**科属**　茄科茄属

形态特征　1年生或多年生草本。按株型可分为无限生长型的标准种和直立种，有限生长型的蔓性矮生种和直立种。茎木质化程度较低，半直立性或蔓性，易倒伏，分枝能力强，易生不定根，可扦插繁殖。叶为奇数羽状深裂或全裂，由一枚顶生裂片以及3～4对侧生裂片组成。花为两性花，自花授粉，花序多数为总状花序或复总状花序，一般一个花序有6～10朵花，小果品种多者可超过20朵；自然花期为5—10月。环境适宜时一年四季均可开花坐果。

分布状况　原产于秘鲁、厄瓜多尔、玻利维亚、智利等国的高原或谷地。广泛分布于世界各地，栽培面积最大的地区是人口最为集中的亚洲和欧洲，其次是北美洲。

生态习性　喜光、喜温短日照蔬菜，对温度适应性较强，耐低温能力比黄瓜强，生长适温为20～25℃。根系发达，吸水能力强，半耐旱，空气相对湿度以45%～50%为宜。对土壤要求不太严格，喜土层深厚、排水良好、富含有机质的肥沃土壤。

应用介绍　番茄营养丰富，风味可口，既可生食，也可炒食，还可加工成番茄酱、番茄沙司等，同时还具有降血压、降胆固醇的作用，是一种很好的保健蔬菜。番茄种类繁多，果形、果色多种多样，矮生品种可用作室内种植观赏，适合在公园、校园、庭院、屋顶、阳台等城市农业空间种植。

品种推荐　'盆栽红''盆栽黄''图腾''盛宴''小那不勒斯'等。

☀	喜光，不耐阴
💧	半耐旱，不耐涝
🌡	喜温暖，生长适温为20～25℃
🏠	露地4月、8—9月可定植；室内全年可种植
❋	自然花期为5—10月
🏛	公园、校园、庭院、屋顶、阳台等

茄 Eggplant

拉丁学名　*Solanum melongena*　　**科属**　茄科茄属

形态特征　直立分枝草本至亚灌木。直根系，根的深度约为50cm，横向伸展范围约为120cm，主要根系分布于30cm深的耕层内，根易木质化，发生不定根的能力弱。茎圆且直立，呈紫色或绿色。叶片较大，呈卵圆形或长卵圆形，紫色或绿色。花单生或簇生，颜色一般为白色或紫色；自然花期为6—8月，花后结果。果实形状有长有圆，颜色一般有白、红、紫等。种子呈黄色肾形。

分布状况　起源于亚洲东南部热带地区。后在世界范围内广泛栽培，在亚洲、非洲、欧洲中南部、中美洲广泛种植。在我国分布广泛，且不同区域的品种有所差异。

生态习性　喜温，不耐霜冻，耐旱能力弱，生长期长，适宜生长于保水保肥性强、土层深厚、pH 5.8 ～ 7.3的壤土或黏壤土中。宜栽植于平畦或高畦的土地中。

应用介绍　茄具有观赏价值、食用价值、经济价值、药用价值。茄的品种繁多，果色丰富，具有较高的观赏价值。近年来，观赏茄逐渐成为一种新兴的观赏花卉，逐步进入人们的视线。茄易于栽培，适应性强，栽培面积广，产量高且供应时间长。夏季栽培适应性良好，适合在公园、校园、庭院、屋顶、阳台等城市农业空间种植。

品种推荐　'绿冠''线茄一号''黑帅''大龙'等。

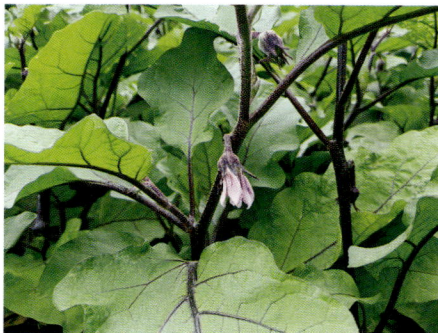

☀	圆茄喜阳光充足，长茄耐阴湿
💧	耐旱能力弱
🌡	喜温，不耐霜冻
🏠	露地4—5月可定植；设施内四季均可栽培
✿	自然花期为6—8月，花后结果
🏢	公园、校园、庭院、屋顶、阳台等

黄瓜 Cucumber

拉丁学名 *Cucumis sativus*　　　**科属**　葫芦科黄瓜属

形态特征　1年生攀援草本。茎部细长，附有糙硬毛，卷须不分歧。叶片呈宽卵状心形，两面被糙硬毛，具3～5个角或浅裂，裂片呈三角形。雌雄异花单生，稀簇生，花朵为黄色，花梗长1～2cm，子房有小刺状突起；从播种到开花只需要25d。果实呈长圆形或圆柱形，熟时呈黄绿色。种子呈狭卵形，白色。

分布状况　原产于喜马拉雅山南麓的印度北部地区。现广泛分布于世界各地。在我国，种植面积和产量均居世界前列，主要产区包括河南、河北、山东、湖南等地。

生态习性　生态习性较为特殊，喜温暖，不耐寒冷，喜潮湿，不耐旱。对土壤的要求较高，需要土层深厚、土质肥沃、有机质丰富且通气性良好的微酸至中性土壤。适宜湿度为土壤相对持水量的60%～90%。黄瓜属于短日照作物，较耐弱光，不同类型的品种对日照长短的要求不同。

应用介绍　作为食材，黄瓜风味独特、质地脆嫩、含水量高且营养丰富，主要可以鲜食、熟食或腌制食用。还可用于制作各种菜肴和饮品，如凉拌黄瓜、黄瓜炒蛋、黄瓜汁等，深受消费者喜爱。此外，还具有清热解毒、健脑安神、辅助减肥等健康功效，是现代人追求健康生活的理想食材。黄瓜栽培适应性较强，适合在公园、校园、庭院、屋顶、阳台等光照和通风良好的开阔空间种植。

品种推荐　'中农126号''鑫旺''白富强''中农脆玉'等。

☀	短日照作物，喜强光，耐弱光
💧	喜潮湿，不耐旱，适宜湿度为土壤相对持水量的60%～90%
🌡	喜温，生长适温为15～32℃
📅	露地5月初可种植；设施内可周年生产
❀	从播种到开花只需要25d
🏠	公园、校园、庭院、屋顶、阳台等

丝瓜 Luffa

拉丁学名　*Luffa aegyptiaca*　　　科属　葫芦科丝瓜属

形态特征　1年生攀援藤本。茎蔓生，具有较强的攀援能力。叶片呈掌状分裂，表面粗糙，具有微柔毛。雌雄同株不同花；花冠为黄色，辐状，开展时直径5～9cm；裂片呈长圆形，长2～4cm，宽2～2.8cm，里面基部密被黄白色长柔毛；雄花子房下位；自然花期为6—9月。果实呈细长圆筒形，通常有数十厘米长，未成熟时呈绿色，成熟后变为黄色；果肉柔软多汁，表面平滑或有深色纵条纹。种子多数，黑色，卵形，扁且平滑。

分布状况　原产于印度热带地区。如今广泛分布于世界温带及热带地区。在我国，丝瓜的栽培历史悠久，早在唐末宋初就已传入，并成为人们常吃的蔬菜之一。在我国南北方均有栽培，尤其在广东、广西、福建、湖南、江苏等地种植较为集中。

生态习性　喜温，耐热，喜湿，怕干旱，土壤湿度较高、含水量在70%以上时生长良好，土壤含水量低于50%时生长缓慢。对土壤适应性较强，但以肥沃、排水良好的土壤为佳。

应用介绍　丝瓜肉质细嫩，口感滑爽，富含蛋白质、脂肪、碳水化合物、粗纤维以及多种矿物质和维生素，是夏季常见的蔬菜佳品。丝瓜还具有很高的药用价值，全身都可入药，如丝瓜络可用于通络、活血、祛风，丝瓜藤具有止咳祛痰、健脾杀虫的功效，丝瓜根则能活血通络、清热解毒。丝瓜栽培适应性强，适合在公园、校园、庭院、屋顶、阳台等光照、通风良好的开阔空间种植，尤其适用于廊架美化。

品种推荐　'碧绿''春帅''绿胜1号''苹果丝瓜'等。

☀	短日照作物，喜强光
💧	喜湿，怕干旱，土壤含水量在70%以上
🌡	喜温，生长适温为20～30℃
📅	露地4月中下旬可种植
✲	自然花期为6—9月
🏛	公园、校园、庭院、屋顶、阳台等

南瓜 Pumpkin

拉丁学名 *Cucurbita moschata*　　**科属** 葫芦科南瓜属

形态特征 1年生蔓生性草本。根系发达，茎常节部生根，伸长在2～5m，密被白色短刚毛或柔毛。茎蔓生、半蔓生或矮生，横断而呈菱形，表面有粗钢毛或软毛。叶互生，大型、掌状，呈宽卵形或卵圆形；叶面有柔毛；叶柄有刚毛，粗壮，叶脉隆起，有或无白斑。花为雌雄异花同株，雄花单生，大；花冠为鲜黄色或黄色，钟状；花萼筒呈钟形；花药靠合；花柱短，顶端2裂；自然花期为5—8月。

分布状况 原产于墨西哥到中美洲一带。如今世界各地普遍栽培，亚洲栽培面积最大，主要分布在中国、印度、日本等亚洲国家，其他国家相对较少。我国的栽培品种有美洲南瓜、印度南瓜、黑籽南瓜、中国南瓜、墨西哥南瓜等。

生态习性 喜温短日照植物，耐旱性强，对土壤要求不严格，种植以肥沃、中性或微酸性沙壤土为宜。

应用介绍 作为一种集营养及保健功能于一身的瓜果类蔬菜，南瓜富含多糖、蛋白质、不饱和脂肪酸、维生素、微量元素等多种营养及功能性成分，有着很高的食用及深加工开发价值。南瓜长势旺盛，适应性强，适合在公园、校园、庭院、屋顶、阳台等光照、通风良好的开阔空间种植，尤其适用于廊架美化。

品种推荐 '迷你金冠''迷你皇冠''飞碟瓜''麦克风''贝贝南瓜''蜜本南瓜'等。

☀	喜光，不耐阴
💧	喜湿润，不耐涝
🌡	喜温，耐寒，生长适温为18～22℃
📅	露地4月、8—9月可定植；室内全年可种植
❀	自然花期为5—8月
🏛	公园、校园、庭院、屋顶、阳台等

西葫芦 Custard Squash

拉丁学名　*Cucurbita pepo*　　**科属**　葫芦科南瓜属

形态特征　1年生蔓生草本。茎有短刚毛和半透明糙毛。叶柄被短刚毛；叶片质硬挺立，呈三角形或卵状三角形，先端锐尖，不规则5～7浅裂，基部呈心形，两面有糙毛。花为雌雄异花同株，花冠为黄色；自然花期为5—9月。果柄粗有棱沟，果形因品种而异，多为圆筒形或椭圆形。种子多数，卵形，白色，长约2cm，边缘拱起而钝。

分布状况　原产于北美洲南部。如今在世界各国广泛栽培。我国各地均有分布，尤其山东、河北、河南、山西、江西等省份种植较多。

生态习性　喜湿润，不耐旱，高温干旱条件下易发生病毒病，高温高湿易造成白粉病。较能耐弱光，属短日照植物，长日照条件有利于茎、叶生长，短日照条件下结瓜期较早。对土壤要求不严格，沙土、壤土、黏土均可栽培，但以土层深厚的壤土易获高产。

应用介绍　早熟品种耐寒，晚熟品种耐热，因此上市期较长。西葫芦肉质细嫩，口感微甜，富含膳食纤维、维生素、胡萝卜素等营养成分，尤其是钙含量较高。西葫芦还具有除烦止渴、润肺止咳、清热利尿、消肿散结的功效。西葫芦易于栽培、适应性强、栽培面积广，适合在光照良好的开阔空间种植。西葫芦适应性较强，适合在公园、校园、庭院、屋顶、阳台等光照、通风良好的开阔空间种植，尤其适用于廊架美化。

品种推荐　'早青一代''香蕉西葫芦''巴黎凯旋'等。

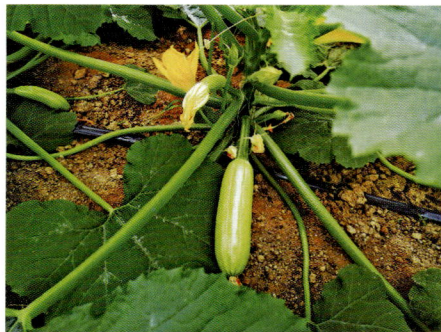

☀	短日照作物，短日照条件下结瓜期较早
💧	喜湿润，不耐旱
🌡	喜温耐热，生长适温为18～25℃
📅	露地4月中下旬可种植
✳	自然花期为5—9月
🏛	公园、校园、庭院、屋顶、阳台等

冬瓜 Wax Gourd

拉丁学名 *Benincasa hispida* **科属** 葫芦科冬瓜属

形态特征 1年生蔓生草本。茎有卷须，能爬蔓。叶大，叶片肾状近圆形；叶柄粗壮。开黄花；自然花期为5—6月。果实近球形或呈圆柱形，表面有毛和白粉，成熟时呈深绿色或墨绿色。种子呈卵形，扁，边缘肿胀。

分布状况 原产于我国南部、印度。现在我国各地均有栽培，广西、广东、海南、山东、江苏、四川、河南、福建等地为主要产区。

生态习性 喜温耐热，生长适温为25～30℃。对日照要求不严格，但短日照有利于雌花分化。根系发达，吸水性强，但叶蔓和果实大，消耗水分多，因此不耐旱，需要保持土壤湿润。对土壤要求不严格，沙壤土、黏壤土均可栽培。

应用介绍 冬瓜的营养价值丰富，含有葫芦巴碱、丙醇二酸、维生素B、维生素C及多种矿物质，有助于清热解暑、利尿消肿、减肥降脂。冬瓜肉质厚实，口感绵密，老少皆宜，可烹饪方法多样，是日常生活很好的蔬菜选择。冬瓜适应性强，适合在公园、校园、庭院、屋顶、阳台等光照、通风良好的开阔空间种植，尤其适用于廊架美化。

品种推荐 '青皮冬瓜''节瓜''粉皮冬瓜'等。

☀	短日照作物，对日照要求不严格
💧	喜湿，不耐旱
🌡	喜温耐热，生长适温为25～30℃
📅	露地4月中下旬可种植
❋	自然花期为5—6月
🏛	公园、校园、庭院、屋顶、阳台等

佛手瓜 Chayote

拉丁学名　*Sechium edule*　　**科属**　葫芦科佛手瓜属

形态特征　具有块状根。茎攀援或人工架生。叶片膜质，呈心状圆形，背面为淡绿色，叶脉上有短柔毛。花小且为白色，雌雄异花同株；自然花期为7—9月。果实肉质，淡绿色，倒卵圆形，果期为8—10月。

分布状况　原产于墨西哥、中美洲、西印度群岛。在我国主要分布于云南、贵州、浙江、福建、广东、四川、台湾等地，这些地区的气候温暖湿润，适宜佛手瓜生长。

生态习性　喜温，耐热，不耐寒。生长适温为12～25℃，超过30℃或低于5℃均会影响其生长。它适合中等光强，耐阴，要求空气湿润，适于在土质肥沃和保肥保水力强的土壤中生长。尤其在7—8月高温季节，需保持较高的空气湿度和土壤湿度。

应用介绍　佛手瓜肉质细嫩，营养丰富，富含蛋白质、维生素、矿物质等多种营养成分，适量食用有助于增强人体免疫力、降血压、提高智力、化痰止咳、美容抗衰老。在烹饪方面，佛手瓜的果实、嫩茎叶、卷须、地下块根均可做菜肴，口感清淡，略带甜味，适合多种烹饪方式。佛手瓜具有较高的观赏价值，可在城市农业空间（公园、校园、庭院、屋顶、阳台等）的中小型棚架、廊架、篱架种植。

品种推荐　'绿皮种''白皮种''古岭合掌瓜'等。

☀	中等光强，耐阴
💧	不耐旱，不耐涝，要求土壤保持湿润
🌡	喜温，生长适温为12～25℃
📅	露地4月中下旬可种植
❄	自然花期为7—9月
🏛	公园、校园、庭院、屋顶、阳台等

蛇瓜 Snake Gourd

拉丁学名　*Trichosanthes anguina*　　　**科属**　葫芦科栝楼属

形态特征　1年生攀援藤本。茎蔓细长，5～8m，多分枝，5棱。叶互生，绿色，掌状，5～7裂，边缘有锯齿；叶柄长5～10cm。花腋生，花冠为白色，雌雄异花同株，雄花组成总状花序，常有一单生雌花并生；自然花期为5—10月。果实呈长圆柱形，一般长度在1m以上，形极似蛇，成熟的果实为浅红褐色；果肉为白色，肉质松软。

分布状况　原产于印度、马来西亚等亚洲热带地区。广泛分布于东南亚各国和澳大利亚等地。明朝时传入我国，目前我国南北方均有栽培，在东南沿海各省份和华南地区广泛栽培。

生态习性　长势旺盛，喜温，耐热，生长适温为20～35℃，低于20℃生长缓慢；喜湿润的环境，但由于根系发达也较耐旱。在水分充足、空气湿度高的环境中结瓜多。喜光，结瓜期需要强烈光照，花期如遇阴雨天或极低温会落花和化瓜。土壤适应性较强，各种土壤均可栽培。花果期为5—10月。

应用介绍　蛇瓜以采收嫩瓜为主，性凉，能清热化痰、润肺滑肠，含有丰富的碳水化合物、维生素、矿物质，清暑解热，利尿降压，可炒食、做汤。在城市农业应用场景中，蛇瓜可作为廊架植物或庭院植物使用，具有赏花、观果、食用等多重功能。

品种推荐　'特长蛇豆''白龙蛇瓜''美国蛇豆王'等。

☀	喜光，结瓜期需要强烈光照
💧	喜湿润也较耐旱，对空气湿度要求不严格
🌡	喜温，生长适温为20～35℃
📅	露地5—10月可种植；室内全年可种植
✳	自然花期为5—10月
🏛	公园、校园、庭院、屋顶、阳台等

菜豆 Kidney Bean

拉丁学名 *Phaseolus vulgaris*　　**科属**　豆科菜豆属

形态特征　1年生缠绕草本。茎上有柔毛。叶呈宽卵形或卵状菱形。花为白色、黄色、紫堇色或红色；自然花期为6—10月。荚果呈带状，稍弯曲。种子则呈长椭圆形或肾形，颜色多样，种脐通常为白色。

分布状况　原产于美洲。16世纪传入我国，现广布热带至温带地区。在我国南方地区以及华中、华北、东北等地广泛种植。

生态习性　属短日照或中光照植物，但多数品种对日照长短的要求不严格，但蔓生和半蔓生品种要求较长的光照。喜温，不耐霜冻，生长适温为15～25℃，10℃以下低温或30℃以上高温会影响植株的生长和正常授粉结荚。喜湿，适宜生长于持水量在60%～70%的土壤中，否则会不利于菜豆生根。菜豆对土壤要求比其他豆类高，最适宜生长在腐殖质含量高、土层深厚、排水良好且pH为6～7的壤土中。

应用介绍　分为粒用菜豆和荚用菜豆，前者主食子粒，后者主食嫩荚。可供煮食、炒食、凉拌等，是一种鲜嫩可口、色、香、味俱佳，营养丰富的优质蔬菜，北京地区多以嫩荚鲜食。中医学认为菜豆的荚果可入药，其性平、味甘，有滋养、利尿消肿等功效，可治疗水肿、脚气病等。在城市农业应用场景中，菜豆可作为廊架植物或者庭院植物使用。

品种推荐　'地芸豆''架豆王''四季豆''秋紫豆'等。

☀	喜光，单日光照一般在12～14h以下
💧	喜湿，土壤持水量在60%～70%
🌡	喜温，不耐霜冻，生长适温为15～25℃
▦	露地3—9月可种植；室内全年可种植
✳	自然花期为6—10月
🏛	公园、校园、庭院、屋顶、阳台等

豇豆 Cowpea

拉丁学名 *Vigna unguiculate*　　**科属** 豆科豇豆属

形态特征 1年生草本。茎近无毛。羽状复叶具3小叶；托叶呈披针形，有线纹；小叶呈卵状菱形，淡紫色，无毛。总状花序腋生，具长梗；花2～6朵聚生于花序的顶端；花萼为浅绿色，钟状，呈裂齿披针形；花冠为黄白色而略带青紫；子房呈线形，被毛；自然花期为5—8月。荚果下垂，直立或斜展，线形，稍肉质而膨胀或坚实。有种子多颗。

分布状况 原产于印度、缅甸。如今主要分布于热带、亚热带和温带地区。在我国的分布范围很广，除个别省份外，都有生长。

生态习性 喜温耐热，不耐低温，喜强光，稍耐阴，对日照时长不敏感，生长适温为20～30℃。根系深，吸水力强，耐旱，不耐涝。耐瘠薄，对土壤要求不严格。

应用介绍 豇豆性平味甘，健胃补肾，含有易于消化吸收的蛋白质，还含有多种维生素、微量元素等，所含磷脂可促进胰岛素分泌，是糖尿病人的理想食品。豇豆营养价值高、病虫害较少、容易栽培管理，近几年在阳台蔬菜中也逐渐兴起。凭借良好的栽培适应性，适合在公园、校园、庭院、屋顶、阳台等城市农业空间种植。

品种推荐 '三友90''长青102''全王绿宝特'等。

☀	喜强光，稍耐阴
💧	耐旱，不耐涝
🌡	喜温耐热，生长适温为20～30℃
📅	露地4—10月可种植；室内全年可种植
✽	自然花期为5—8月
🏛	公园、校园、庭院、屋顶、阳台等

扁豆 Hyacinth Bean

拉丁学名　*Lablab purpureus*　　科属　豆科扁豆属

形态特征　1年生缠绕藤本。高20～40cm。3出复叶；顶生小叶呈菱状广卵形，侧生小叶呈斜菱状广卵形，顶端短尖或渐尖，基部呈宽楔形或近截形，两面沿叶脉处有白色短柔毛。总状花序腋生；花冠为白色或紫红色，旗瓣基部两侧各有1个附属体；子房有绢毛，基部有腺体，花柱近顶端有白色髯毛；自然花期为7—8月。荚果扁，呈镰刀形或半椭圆形。种子3～5颗，扁，长圆形，白色或紫黑色。

分布状况　起源于亚洲西南部地区。适于冷凉气候，多种植在温带和亚热带地区，在热带地区常在最寒冷的季节或在高海拔地区栽培。我国主产于广西、山西、陕西、甘肃、河北、河南、湖北、云南、四川等省份。

生态习性　喜温暖、湿润气候，较耐瘠薄、耐旱、耐阴，适宜间（套）作，生长适温为20～38℃，对土壤要求不严。

应用介绍　扁豆味甘，性微温，能健脾除湿。所含维生素B_1能维持正常的消化腺分泌和胃肠道蠕动，抑制胆碱酶活性，可帮助消化并增进食欲。营养价值高、病虫害较少、容易栽培管理，近几年在阳台蔬菜中逐渐兴起。凭借良好的栽培适应性，适合在公园、校园、庭院、屋顶、阳台等城市农业空间种植。

品种推荐　'大青荚眉豆''常丰紫扁豆''白花大白扁'等。

☀	喜光，较耐阴
💧	较耐旱、耐瘠薄
🌡	喜温暖，生长适温为20～38℃
📅	露地4—10月可种植；室内全年可种植
✿	自然花期为7—8月
🏛	公园、校园、庭院、屋顶、阳台等

豌豆 Pea

拉丁学名 *Pisum sativum*　　**科属**　豆科豌豆属

形态特征　1年生攀援草本。高0.5～2m。直根系，侧根少，主要分布在20cm深的土层内。茎矮性或蔓性，中空易折断。分枝性强，偶数羽状复叶；小叶1～3对，顶生小叶退化成卷须，叶面略呈蜡质或略有白粉；叶柄基部有1对耳状大托叶，包围茎部。花单生或对生于叶腋处，白色、紫色或紫红色，蝶形；自花授粉；自然花期为4—5月。荚果呈浓绿色或黄绿色，扁平，长形；种子有圆粒（光滑）或皱粒2种粒型，千粒重150～800g，种子寿命2～3年。果期为7—9月。

分布状况　原产于亚洲西部、地中海地区。我国东北、华北、华东、华中、西南等地均有分布，尤以四川、河南、湖北、江苏、青海、江西等地产量最高。

生态习性　属长日照植物，一般品种在结荚期都要求较强的光照和较长时间的日照，但不宜高温，可露地越冬。在整个生长期内，水分供应充足才能生长旺盛，但不耐涝。对土壤要求虽不严格，在排水良好的沙壤或新垦地均可栽植，但以疏松并含有机质的中性土壤为宜，在pH 6.0～7.2的土壤中生长为宜。

应用介绍　豌豆性平、味甘，具有和中下气、利小便、解疮毒等功效，能益脾和胃、生津止渴、除呃逆、止泻痢、解渴通乳、治便秘。由于营养价值高、病虫害较少、容易栽培管理，近几年在阳台蔬菜中逐渐兴起，适合在公园、校园、庭院、屋顶、阳台等城市农业空间种植。

品种推荐　'荷兰大荚荷兰豆''矮茎大荚荷兰豆''莲阳双花软荚种'等。

☀	喜光
💧	不耐旱，不耐涝
🌡	喜温暖，生长适温为15～20℃，可露地越冬
📅	可春、秋、越冬栽培
✿	自然花期为4—5月
🏛	公园、校园、庭院、屋顶、阳台等

甘蓝 Cabbage

拉丁学名 *Brassica oleracea* var. *capitate* 科属 十字花科芸薹属

形态特征 2年生草本。1年生肉质茎矮且粗壮，2年生茎有分枝，具茎生叶。基生叶多数，基生叶及下部茎生叶呈长圆状倒卵形至圆形，质厚，层层包裹成球状或扁球状，直径10～30cm或更长，淡绿色或紫色，顶端呈圆形，基部骤窄为极短有宽翅的叶柄，边缘有波状不显明锯齿；上部茎生叶呈卵形或长圆状卵形，长8～13.5cm，宽3.5～7cm，基部抱茎；最上部叶呈长圆形，长约4.5cm，宽约1cm，抱茎。总状花序顶生或腋生；萼片直立，呈窄长圆形；花瓣为淡黄色，呈宽长倒卵形或近圆形，长1.3～1.5cm；作为2年生植物，露地次年4月开花。长角果呈圆柱形，长6～9cm。

分布状况 原产于地中海地区。16世纪中叶从南北两路传入我国，如今我国各地均有栽培。

生态习性 喜温和冷凉的气候，不耐炎热，生长适温为10～20℃，25℃以上生长缓慢，不耐干旱与水渍，要求疏松、肥沃的土壤。适宜生长于排水良好、土壤肥沃的园地。

应用介绍 甘蓝具有丰富的营养价值和多种健康功效，富含膳食纤维、维生素A、维生素C、维生素E以及多种矿物质（钙、铁、钾、硒等）。适量食用可以补充身体所需的营养物质，增强体质。甘蓝栽培适应性良好，适合在公园、校园、庭院、屋顶、阳台等城市农业空间种植。

品种推荐 '中甘21''紫甘二号''牛心二号'等。

☀	喜光
💧	不耐干旱与水渍
🌡	喜温和冷凉的气候，不耐炎热
📅	露地4—5月可种植；设施内若温度适宜，一年四季均可栽培
✻	作为2年生植物，露地次年4月开花
🏛	公园、校园、庭院、屋顶、阳台等

羽衣甘蓝 Kale

拉丁学名 *Brassica oleracea* var. *acephala*　　　　**科属**　十字花科芸薹属

形态特征　结球甘蓝的园艺变种，为2年生草本。不结球，形态多样。按照株高可分为高型和矮型；按叶的形态分为皱叶、圆叶、羽状叶品种；按中心叶的颜色，有纯白、玫瑰红、紫红等颜色的品种。茎短缩，茎上密生叶片。叶基生，叶色丰富，叶形多样。花为总状花序，花瓣多为黄色，虫媒花，植株经过春化后开花；自然花期为4—5月。角果。

分布状况　原产于地中海沿岸至小亚细亚一带。我国引种栽培历史不长，尤其是观赏羽衣甘蓝，近十几年才有少量种植，主要分布在北京、上海等大中城市。

生态习性　羽衣甘蓝喜阳光、冷凉，较耐寒，可短时耐−2℃左右低温，不耐涝，喜肥沃的土壤，生长适温为18～22℃，种子发芽适温为18～20℃。

应用介绍　羽衣甘蓝又名叶牡丹，叶色、叶形丰富多变，在华东地区多用于深秋、初冬的花坛材料，常用于公园、街头等地花坛的图案镶边或构建，同时一些品种也用于鲜切花销售。羽衣甘蓝营养丰富，维生素C、钙、铁、钾含量较高，可炒食、凉拌、做汤等，观赏兼食用。凭借良好的观赏性和栽培适应性，适合在公园、校园、庭院、屋顶、阳台等城市农业空间种植。

品种推荐　'京莲红''京莲白''京羽紫''京羽一号'等。

☀	喜阳光，不耐阴
💧	不耐涝
🌡	喜冷凉，较耐寒，生长适温为18～22℃
▦	露地4月、8—9月可定植；室内全年可种植
✹	自然花期为4—5月
🏠	公园、校园、庭院、屋顶、阳台等

花椰菜 Cauliflower

拉丁学名 *Brassica oleracea* var. *botrytis*　　**科属**　十字花科芸薹属

形态特征　2年生草本。茎直立且粗壮，有分枝，表面被粉霜覆盖；茎顶端有一个由总花梗、花梗、未发育的花芽密集形成的乳白色肉质头状体。茎中上部叶较小且无柄，为长圆形至披针形；基生叶及下部叶为长圆形至椭圆形，长度可达23.5cm，灰绿色，顶端呈圆形，开展，不卷心，全缘或具细齿，叶柄长2～3cm。总状花序顶生及腋生，花初为淡黄色，后变成白色；露地5—6月易春化开花。果实为长角果，圆柱形，长度为10～12mm。

分布状况　原产于地中海东部海岸。约在19世纪初被引入我国。由于营养价值高，逐渐被推广到全国各地，成为常见的食用蔬菜。

生态习性　半耐寒蔬菜，生长适温的范围较窄，营养生长期适温为8～24℃，而花球生育期的适温为15～18℃。温度过高或过低都会影响生长和品质，具体来说，温度低于8℃时，花球生长缓慢；低于0℃时，叶片会受冻；高于25℃时，花球小且品质差。适宜在土层深厚、排水良好的沙质土壤中生长。选择肥沃的土壤并施足底肥，可以促进花椰菜健康生长。

应用介绍　花椰菜富含膳食纤维、蛋白质、维生素、脂肪、碳水化合物、矿物质等。此外，还含有丰富的维生素C、类黄酮化合物，具有抗氧化、抗癌、保护心血管系统的功效。花椰菜栽培适应性良好，适合在公园、校园、庭院、屋顶、阳台等城市农业空间种植。

品种推荐　'日落黄菜花''橙花2号''紫花3号''盛松'等。

☀	喜光，稍耐阴
💧	喜湿润，不耐涝
🌡	既不耐炎热干燥，也不耐长期霜冻
📅	露地3月中下旬可栽培；设施内四季均可栽培
❀	露地5—6月易春化开花
🏛	公园、校园、庭院、屋顶、阳台等

擘蓝 Kohlrabi

拉丁学名　*Brassica oleracea* var. *gongylodes*　　　**科属**　十字花科芸薹属

形态特征　甘蓝的一个变种，2年生草本。粗壮直立，高30～60cm，全株光滑无毛。茎短，离地面2～4cm处膨大形成坚硬，长椭圆形、球形或扁球形，具叶的肉质球茎；球茎直径5～10cm，外皮通常为淡绿色，亦有绿色或紫色的，内部肉为白色。叶片呈卵形或卵状矩圆形，光滑，被有白粉，绿、深绿或紫色，边缘有明显的齿或缺刻，近基部通常有1～2裂片，叶长20～40cm。花为黄白色，总状花序，通常为4萼片、4花瓣，展开呈十字形，高温下易抽薹开花；自然花期为5—6月。

分布状况　原产于地中海沿岸。由叶用甘蓝变异而来，在德国栽培最为普遍。16世纪时传入我国，现我国各地均有栽培。

生态习性　喜温暖、湿润、阳光充足的环境，较耐寒，生长适温为15～20℃，对高温有一定的适应性，但30℃以上高温易使肉质球茎纤维化。腐殖质丰富的黏壤土或沙壤土种植较为适宜。

应用介绍　擘蓝营养丰富，维生素C、维生素E、钾含量较高，适宜凉拌生食，也可炒食、做汤，具有消食积、去痰的保健功能，榨汁饮用对胃病有治疗作用，同时还具有一定的防癌作用。擘蓝栽培适应性良好，适合在公园、校园、庭院、屋顶、阳台等城市农业空间种植。

品种推荐　'青茎蓝''青县茎蓝''大叶芥蓝头'等。

☀	喜光照充足
💧	喜湿润，不耐涝
🌡	喜温暖，较耐寒，生长适温为15～20℃
▦	露地4月、8—9月可定植；室内全年可种植
✳	自然花期为5—6月
🏠	公园、校园、庭院、屋顶、阳台等

萝卜 Radish

拉丁学名 *Raphanus sativus*　　　**科属** 十字花科萝卜属

形态特征 直根肉质，通常为长圆形、球形或圆锥形，外皮为绿色、白色或红色。根系的入土深度较深，主根群主要分布在20～40cm疏松而肥沃的耕作层内。茎有分枝，表面无毛，稍具粉霜。基生叶和下部叶大头羽状分裂，顶裂片呈卵形，侧裂片2～6对，向基部渐小，疏被单毛或无毛；上部叶呈长圆形或披针形，有锯齿或近全缘。花瓣呈倒卵形，具紫纹；露地5—6月易开花。种子1～6个，卵形，微扁，红棕色，有细网纹。

分布状况 原产于亚洲西南部。13世纪时从伊朗引入我国。如今我国各地普遍栽培，主要集中在广东、河北、安徽、浙江、山东等地，这些地区的萝卜种植面积较大，产量也较高。

生态习性 耐寒性蔬菜，种子在2～3℃的温度下即可发芽，幼苗期能在25℃的高温下生长，也能在−2℃的低温下生存。适合肉质根生长的温度为18～20℃，适合茎叶生长的温度为15～20℃。如果温度低于−1℃，肉质根会受寒受冻。适宜在疏松透气的土壤中生长，土层深厚、排水良好的沙性土壤最为理想。

应用介绍 萝卜富含碳水化合物、维生素以及磷、铁等矿物质，常吃萝卜可促进人体新陈代谢。萝卜还含有丰富的胡萝卜素、淀粉酶等生理活性成分。萝卜栽培适应性良好，适合在公园、校园、庭院、屋顶、阳台等城市农业空间种植。

品种推荐 ‘樱桃萝卜’‘紫霞冰淇淋萝卜’‘大红袍’等。

☀	喜光
💧	喜湿润
🌡	生长适温为15～20℃
📅	北方地区露地8月可种植；设施内若温度适宜，一年四季均可种植
❀	露地5—6月易开花
🏛	公园、校园、庭院、屋顶、阳台等

白菜 Chinese Cabbage

拉丁学名 *Brassica rapa* var. *glabra*　　**科属** 十字花科芸薹属

形态特征 常全株无毛。基生叶多数，呈倒卵状长圆形至宽倒卵形；上部茎生叶呈长圆状卵形、长圆披针形至长披针形，有粉霜。花为鲜黄色，花瓣呈倒卵形；作为2年生植物，露地次年4—5月开花。长角果较粗短，两侧扁，顶端圆；果梗开展或上升，较粗。种子呈球形，棕色。

分布状况 原产于中国华北地区。是亚洲地区特别是中国、韩国、日本广泛栽培的一种蔬菜作物。在我国是东北及华北地区冬、春季的主要蔬菜。

生态习性 喜冷凉，属于半耐寒性蔬菜，不同类型品种对生长环境的要求不尽相同，一般要求气候条件温和，生长适温为12～25℃。耐热力不强，温度低于10℃或高于25℃均不利于生长，短时间内经受-2～0℃低温伤害可恢复，经受-4℃及以下低温会发生不可逆冻害，适宜发芽温度为20～25℃，幼苗期生长温度需要保持在22～25℃，莲座期温度为17～22℃，结球期为12～22℃。不同生育期需水量不同，土壤适应性较广，肥沃的土壤更利于白菜生长发育。

应用介绍 白菜生食、炒食、盐腌、酱渍均可。白菜的鲜叶和根可入药，通利肠胃、养胃和中、利小便等。白菜外层脱落的叶可作为饲料。白菜栽培适应性良好，适合在公园、校园、庭院、屋顶等城市农业空间种植。

品种推荐 '北京新三号''大核桃纹''老北京橘红心'等。

☀	喜光
💧	喜湿润
🌡	喜冷凉，半耐寒，生长适温为12～25℃
📅	北方地区露地8—9月可栽培
✿	作为2年生植物，露地次年4—5月开花
🏛	公园、校园、庭院、屋顶等

青菜 | Pakchoi

拉丁学名 *Brassica rapa* var. *chinensis*　　**科属**　十字花科芸薹属

形态特征　2年生草本。株高25cm左右，全株无毛。茎直立或上升。基生叶呈长椭圆形或宽卵形，长6～8cm，宽2～3cm，顶端呈圆形，全缘；叶柄为白色或绿色，稍具边缘。花为浅黄色；自然花期为4月；作为2年生植物，露地次年4—5月开花。果梗长8～30mm；果期为5月。种子呈球形，直径1～1.5mm，紫褐色，有蜂窝纹。

分布状况　原产于亚洲。世界各地均有栽培。在我国各地广泛种植，经过多代繁衍，已经杂交出适应不同生长条件、具有不同特点的多个品种。

生态习性　幼苗及成株均需充足的阳光才能苗壮生长。生长适温为15～25℃，当气温高于35℃或低于3℃时，不利于发芽和生长。喜水肥，种子发芽需要吸收水分达到自身干重的60%，发芽期间土壤含水量保持在60%～70%最为适宜。此外，油菜具有一定的耐寒性，但在寒冷的地区需要注意保暖。

应用介绍　青菜具有食用价值、药用价值。作为一种低脂肪的绿叶蔬菜，富含膳食纤维，可以与胆酸盐以及食物中的胆固醇、甘油三酯结合，减少脂类的吸收，从而降低血脂。此外，青菜叶具有解毒消肿的功效。青菜栽培适应性良好，适合在公园、校园、庭院、屋顶、阳台等城市农业空间种植。

品种推荐　'小油菜''矮脚青''上海青''紫叶油菜'等。

☀	喜光
💧	怕涝
🌡	喜冷凉，耐热能力较弱，生长适温为15～25℃
🏠	若温度适宜，一年四季均可栽培
❋	作为2年生植物，露地次年4—5月开花
🏢	公园、校园、庭院、屋顶、阳台等

芥菜 Mustard

拉丁学名 *Brassica juncea*　　**科属**　十字花科芸薹属

形态特征　1年生或2年生草本。茎直立，株高可达1.5m。基生叶呈宽卵形或倒卵形，长15～35cm，不裂或大头羽裂，有重锯齿或缺刻，叶柄长3～9cm，有小裂片；茎生叶较小，不抱茎；茎上部叶呈窄披针形，长2.5～5cm，疏生不明显锯齿或全缘。总状花序顶生，花为黄色，花瓣呈倒卵形，萼片直立开展；自然花期为3—5月。长角果呈线形；果期为5—6月。种子呈圆形或椭圆形，红褐色。

分布状况　原产于亚洲。如今在我国南方地区种植广泛，多分布于我国长江以南各省份，新疆、海南、北京均有栽培。

生态习性　喜冷凉湿润的环境，生长适温为15～22℃。芥菜喜光，需要较强光照条件。种植时需要深厚、肥力高、灌排水条件良好、中性的壤土。生长忌炎热干旱，且不耐霜冻。从播种到采收约30d。

应用介绍　芥菜含有硫代葡萄糖苷，经水解后产生挥发性的异硫氰酸化合物、硫氰酸化合物及其衍生物，具有特殊的风味和辛辣味，可以促进人体新陈代谢。芥菜还具有一种特殊的鲜香气味，能增进食欲，帮助消化。同时还清热解毒、抗菌消肿，有一定的保健作用。芥菜栽培适应性良好，适合在公园、校园、庭院、屋顶、阳台等城市农业空间种植。

品种推荐　'大叶芥菜''皱叶芥菜''包心芥''雪里蕻'等。

☀	喜光，需要较强光照条件
💧	喜冷凉湿润的环境，忌炎热干旱
🌡	生长适温为15～22℃，不耐霜冻
▦	露地4—5月、9—10月可种植
✲	自然花期为3—5月
⌂	公园、校园、庭院、屋顶、阳台等

生菜 | Lettuce

拉丁学名　*Lactuca sativa* var. *ramose*　　　科属　菊科莴苣属

形态特征　1年生或2年生草本。基生幼叶呈倒披针形、椭圆形或椭圆状倒披针形；叶基生、无柄；下部的茎生叶大，不分裂，向上渐小，全缘，叶片上有蜡质，两面无毛。头状花序排成圆锥状，在总苞果期呈卵球形；分枝下部的叶及圆锥花序分枝上的叶极小，呈卵状心形；花呈黄色；自然花期为5—9月。瘦果呈倒披针形。

分布状况　原产于欧洲地中海沿岸。引入我国的时间较晚，近些年在华北地区，特别是大城市近郊的栽培开始普遍起来，中国南方地区也广泛种植。

生态习性　喜冷凉，生长适温为15～20℃。华北地区一般选择在秋冬季栽培，春季栽培极易抽薹。高温下，花芽分化迅速，提早抽薹开花，失去营养和食用价值，温度持续高于25℃，品质会变差。喜肥沃湿润的土壤，土壤pH以5.8～6.6为宜。生育期90～120d。

应用介绍　随着人们对健康日益重视，适宜生食的生菜越来越受市民的喜爱，尤其大中城市需求量日益增大。营养丰富，口感清脆，食用方法多样的生菜，在凉拌菜、沙拉、汉堡等餐品中都被广泛应用。除了土壤栽培，近些年更是开发出了基质栽培、水培、气雾栽培等多种栽培模式，种植面积逐年递增。生菜栽培适应性较强，品种繁多，适种于公园、校园、庭院、屋顶、阳台等城市农业空间。

品种推荐　'结球生菜''波士顿生菜''罗曼生菜''紫叶生菜'等。

☀	喜光，忌强直光
💧	保持土壤湿润，对水的需求量较大
🌡	喜冷凉，生长适温为15～20℃
📅	露地4月中旬至5月下旬、8月中旬至9月下旬可种植
✳	自然花期为4—6月
🏛	公园、校园、庭院、屋顶、阳台等

莴苣 Asparagus Lettuce

拉丁学名 *Lactuca sativa* var. *angustana*　　**科属** 菊科莴苣属

形态特征 1年生或2年生草本。直根系，主要分布在20～30cm的浅土层中。茎直立生长，肉质茎在生长过程中逐渐变粗，茎外部为白色，茎肉脆嫩。叶互生，不分裂，两面无毛，呈倒披针形或椭圆形，长10～15cm，宽2～5cm，边缘呈波状。圆锥状花序，花呈浅黄色，自花授粉；自然花期为4—9月。

分布状况 原产于地中海沿岸。大约在5世纪传入我国，是我国重要的蔬菜品种，我国华中、华北地区广泛种植。

生态习性 生长在土质疏松、有机质丰富、排灌水方便、通风良好的壤土中。喜冷凉，而夏秋高温时节正值莴苣的生长期。高温长日照，易引起先期抽薹，导致莴苣瘦长、品质差、产量低，是制约夏秋莴苣种植的主要因素之一。因此，首先要选择耐热性强、对日照不敏感、不易抽薹的品种。

应用介绍 莴苣的叶子也可以食用，另一个栽培变种——油麦菜 *Lactuca sativa* var. *asparagina* 也为人们所熟知。莴苣含钾量较高，有利于促进排尿，减少对心房的压力，对高血压和心脏病患者极为有益。莴苣叶富含维生素B_1、维生素C、胡萝卜素以及钾、镁、钙等元素，适当食用莴苣叶能够促进消化、增进食欲。适种于公园、校园、庭院、屋顶、阳台等城市农业空间。

品种推荐 '白莴苣''尖叶莴苣''花叶莴苣'等。

☀	喜光，稍耐阴
💧	需肥水较多，应重施肥水
🌡	喜冷凉，不耐高温
📅	露地4—5月、7—9月可种植
✿	自然花期为4—9月
🏠	公园、校园、庭院、屋顶、阳台等

油麦菜 Lettuce

拉丁学名 *Lactuca sativa* var. *asparagine*　　　**科属**　菊科莴苣属

形态特征　叶用莴苣的一个变种，以嫩梢、嫩叶为产品，色泽淡绿、长势强健，抗病性、适应性强。茎前期短缩，叶片密生在茎上。叶细长平展，呈长披针形，色泽淡绿、质地鲜脆，口感极为鲜嫩、清香，具有独特风味，是主要的食用部分。头状花序顶生，每个花序含20余朵小花，舌状花和管状花并存；自然花期为2—9月。

分布状况　原产于地中海沿岸及亚洲西部，是人类最早栽培的蔬菜之一。目前广泛分布于温带至亚热带地区，在我国南北方均有栽培，以华南、华东、西南等地最为集中。

生态习性　喜温和凉爽，生长适温为15～25℃，种子发芽适温为15～20℃，短期可耐0℃左右低温，但温度长期低于5℃会生长缓慢，温度高于25℃易徒长。喜光，但忌强光直射，短日照（≤10h）有利于叶片生长。

应用介绍　油麦菜低热量、高营养，营养价值略高于生菜而远远优于莴苣，有降低胆固醇、清燥润肺等功效，可生食、炒食、涮食。油麦菜也可用于保健，具有清热生津、凉血止血等功效。另外，油麦菜适应性强，生长周期短，适种于公园、校园、庭院、屋顶、阳台等城市农业空间。

品种推荐　'四季香油麦菜''广东甜油麦菜''速生油麦菜'等。

☀	喜光，但忌强光直射
💧	喜湿润，不耐涝
🌡	喜温和凉爽，生长适温为15～25℃
📅	露地4—5月、7—8月可播种；室内全年可种植，但以9月下旬至次年4月为宜
❇	自然花期为2—9月
🏛	公园、校园、庭院、屋顶、阳台等

菊苣 Chicory

拉丁学名 *Cichorium intybus*　　**科属**　菊科菊苣属

形态特征　多年生草本。莲座叶丛期平均株高40cm；抽茎开花期平均株高170cm，部分品种可达200cm。茎直立，中空具条棱，分枝较多。基生叶羽状分裂或不分裂，有齿，疏具绢毛，叶片长10～40cm、宽5～8cm；茎生叶较小，呈披针形。头状花序单生于枝端或2～3个簇生于叶腋处；花呈舌状，蓝色；自然花期为5—10月。种子呈楔形，千粒重为1.2～1.5g。

分布状况　原产于地中海沿岸、中亚地区。如今广泛分布于亚洲、欧洲、美洲、大洋洲等地。我国主要分布在西北、华北、东北地区，栽培的主要品种是'散叶菊苣'，利用肉质根进行软化栽培，生产菊苣黄。

生态习性　属半耐寒性蔬菜，地上部能耐短期的−2～1℃的低温，而直根具有很强的抗寒能力，在北京地区冬季用土埋住肉质根稍加覆盖，只要根皮不被霜雪直接接触就能安全越冬。植株生长适温为17～20℃。促成栽培软化菊苣时期，适温为15～20℃，以18℃为最佳。温度过高会使芽球生长变快，形成的芽球松散、不紧实；温度过低则迟迟不能形成芽球，但不影响芽球的品质。

应用介绍　菊苣叶片柔嫩多汁，营养丰富，叶丛期粗蛋白含量22.87%，并且氨基酸、维生素、胡萝卜素、钙含量也很丰富。菊苣既可用做沙拉，也可用来爆炒、蘸酱等，吃法非常丰富。菊苣的地上部分和根部可入药。栽培适应性较好，适种于公园、校园、庭院、屋顶、阳台等城市农业空间。

品种推荐　'叶用菊苣''粗根菊苣''芦笋菊苣'等。

☀	喜光，需要低温和长日照条件
💧	较耐干旱，以排水良好的沙壤土为宜
🌡	喜冷凉，半耐寒，生长适温为15～20℃
▦	露地7—10月可栽培
✾	自然花期为5—10月
🏛	公园、校园、庭院、屋顶、阳台等

茼蒿　Garland Chrysanthemum

拉丁学名　*Glebionis coronaria*　　　**科属**　菊科茼蒿属

形态特征　1年生或2年生草本。茎秆直立，光滑无毛富肉质，高20～70cm，通常自中上部分枝，基生叶花期枯萎。叶互生，无柄，椭圆形，淡绿色，边缘有不规则深齿裂。头状花序通常2～8个生于茎枝顶端，有长花梗，并不形成明显的伞房花序，或头状花序单生于茎顶；自然花期为7—9月。

分布状况　原产地为地中海地区。12世纪时经伊朗传入我国，现全国各地均有种植。

生态习性　属半耐寒性蔬菜，北京地区主要在春冬两季种植。性喜冷凉，耐寒力强，不耐高温，12℃以下生长缓慢，28℃以上生长不良。北京地区冬季用日光温室栽培，对光照要求不严，品质较佳。短日照作物，适宜种植在肥沃、保水力强的沙壤土中，土壤相对湿度保持在70%～80%时有利于生长。

应用介绍　茼蒿是常见的蔬菜品种之一，营养丰富，能够提供多种人体所需营养物质，经常用于涮食或者炒食。茼蒿膳食纤维丰富，能够促进消化，助肠道蠕动。同时茼蒿具有养心安神、缓解紧张情绪的作用。茼蒿在春秋季栽培适应性较好，适种于公园、校园、庭院、屋顶、阳台等城市农业空间。

品种推荐　'大叶茼蒿''小叶茼蒿''大圆叶茼蒿'等。

☀	短日照作物，对光照要求不严
💧	土壤相对湿度保持在70%～80%时有利于生长
🌡	喜冷凉，耐寒力强，不耐高温
⊙	露地3—4月、8—9月可播种
✳	自然花期为7—9月
🏠	公园、校园、庭院、屋顶、阳台等

旱芹 Celery

拉丁学名　*Apium graveolens*　　　**科属**　伞形科芹属

形态特征　2年生或多年生草本。高在15～150cm，有强烈香气。茎为圆柱形，上部分枝，有纵棱和节。根生叶有柄，基部略扩大成膜质叶鞘；叶片通常3裂，裂片近菱形，边缘有锯齿，叶脉两面隆起；茎生叶有短柄，分裂为3小叶，小叶呈倒卵形，中部以上边缘疏生钝锯齿。花为复伞形花序，顶生或与叶对生，通常无苞片；花瓣为白色或黄绿色，花小，圆卵形；定植后60～90d开花。

分布状况　通常生长于低海拔的潮湿地区，喜欢充足的阳光以及潮湿、肥沃、排水良好的土壤。旱芹分布于欧洲、亚洲、非洲、美洲，驯化后在全球广泛种植，在中国南北方各省份均有种植。

生态习性　喜光，生长适温为8～30℃。喜潮湿，土壤持水量在70%～80%时最佳。同时喜肥，不耐水淹。

应用介绍　旱芹是一种营养丰富、具有多种健康益处的蔬菜，广泛应用于饮食和药用领域。从营养价值方面来看，旱芹富含多种营养成分。叶中的营养价值更高，含有丰富的维生素E、类黄酮化合物，如芹菜素、芹菜苷，这些成分不仅有助于补充人体所需营养物质，还能增强免疫力、抗氧化、保护心血管。旱芹在春秋季栽培适应性较好，适种于公园、校园、庭院、屋顶、阳台等城市农业空间。

品种推荐　'文图拉''皇后''京芹2号''西芹1号'等。

☀	喜光
💧	喜潮湿但不耐水淹
🌡	生长适温为8～30℃
📅	露地3—4月、6—7月可定植
✳	定植后60～90d开花
🏛	公园、校园、庭院、屋顶、阳台等

胡萝卜 Carrot

拉丁学名　*Daucus carota* var. *sativus*　　　科属　伞形科胡萝卜属

形态特征　2年生草本。株高15 ～ 120cm。根肉质，长圆锥形，表面呈橙红色或黄色。茎单生，全体有白色粗硬毛。基生叶薄膜质，长圆形，2 ～ 3回羽状全裂，顶端尖锐，有小尖头，光滑或有糙硬毛，叶柄长3 ～ 12cm；茎生叶近无柄，有叶鞘，末回裂片小或细长。复伞形花序，花序梗长10 ～ 55cm，有糙硬毛；总苞有多数苞片，呈叶状，羽状分裂，少有不裂的，裂片呈线形；伞状花序伞辐多数，花通常为白色，有的带淡红色；自然花期为5—7月。果实呈圆卵形，棱上有白色刺毛。

分布状况　原产于亚洲西部。10世纪时经伊朗传入欧洲大陆，胡萝卜因其适应性强，在温带各国种植十分普遍。如今我国各地均有种植。

生态习性　种子在20 ～ 25℃温度条件下易发芽，所需时间约为5d。茎和叶的生长适温为23 ～ 25℃，幼苗可耐27℃以上的高温。直根膨大期适宜温度是13 ～ 18℃。

应用介绍　胡萝卜具有健脾和中、滋肝明目、化痰止咳、清热解毒的功效。胡萝卜中的木质素，也有提升机体免疫力的功能。胡萝卜质脆味美、营养丰富，烹调时应用食用油烹制，营养价值更高。胡萝卜栽培适应性良好，有一定观赏性，适种于公园、校园、庭院、屋顶、阳台等城市农业空间。

品种推荐　'超级红芯''黑田五寸''红森''春红二号'等。

☀	喜冷凉，喜阳光充足
💧	土壤含水量为60% ～ 80%
🌡	茎和叶的生长适温为23 ～ 25℃，直根膨大期适宜温度为13 ～ 18℃
⬤	露地7月上旬至中旬播种，11月上中旬可收获
✺	自然花期为5—7月
🏛	公园、校园、庭院、屋顶、阳台等

茴香 Fennel

拉丁学名　*Foeniculum vulgare*　　**科属**　伞形科茴香属

形态特征　草本。株高通常为0.4～2m。茎部直立且光滑，呈灰绿色或苍白色，具有多个分枝。叶片为阔三角形，4～5回羽状全裂，末回裂片呈线形。花序为复伞形，花瓣为黄色，呈倒卵形或近倒卵圆形，具有观赏价值；自然花期为6—7月。果实为长圆形，长4～6mm，宽1.5～2.2mm，表面有5条主棱，成熟后可作为香料使用。

分布状况　原产于地中海地区。如今广泛分布于世界各地。在我国主要分布于西北、内蒙古、山西、陕西、黑龙江、吉林、辽宁等地。

生态习性　喜湿润冷凉，在海拔1 000m以上的山区、丘陵生长较好。耐盐且适应性强，对土壤要求不严格，但以地势平坦、肥沃疏松、排水良好的沙壤土或轻碱性黑土为宜。种子发芽适温为16～23℃，生长适温为15～18℃。

应用介绍　茴香嫩叶可作为蔬菜食用，具有独特的香气，是优质的调味食材。果实（小茴香）在烹饪中广泛作为香料，有提升食欲、促进消化的作用。此外，茴香的根、茎、叶均可入药，具有温肾暖肝、行气止痛、驱风化痰的功效。在医药、化妆品等领域，茴香精油也因其独特的香气以及防腐、杀虫功能而得到广泛应用。茴香栽培适应性良好，适种于公园、校园、庭院、屋顶、阳台等城市农业空间。

品种推荐　'意大利茴香''球茎茴香'等。

☀	喜光，具有一定耐弱光能力
💧	喜湿润但不耐涝
🌡	喜冷凉，耐寒耐热，生长适温为15～18℃
📅	露地4—5月、8—9月可播种
✺	自然花期为6—7月
🏛	公园、校园、庭院、屋顶、阳台等

球茎茴香　Bulb Fennel

拉丁学名　*Foeniculum dulce*　　**科属**　伞形科茴香属

形态特征　茴香种的一个变种，株高70～100cm。根系发达，幼苗根系分生能力弱，宜直播。茎短缩，不易辨认，由叶柄基部叶鞘膨大形成扁圆形或近圆形的假茎。叶为3～4回羽状深裂的细裂叶，小叶呈丝状，叶面光滑，被白色蜡粉，叶柄基部叶鞘膨大成为营养物质储藏器官，也是主要的产品器官。伞形花序，雌雄同花，异花授粉，花茎长，花小，黄色；自然花期为4—6月。

分布状况　原产于意大利南部地区。如今主要分布于地中海沿岸和西亚地区。我国从20世纪70年代就从意大利引入，目前，北京、天津、广东、四川等省份有栽培。

生态习性　喜冷凉长日照蔬菜，生长适温为12～20℃，不耐旱，对水分要求严格，尤其是苗期和球茎形成的时期。对土壤要求不严格，但保水、保肥能力强的肥沃壤土更适宜种植。

应用介绍　球茎茴香是一种药食两用的食材，可促进炎症和溃疡痊愈，适合脾胃寒凉的人补阳，还有健胃、行气、促消化的功效。球茎茴香抗病性强，可通过露地保护地周年生产，同时具有特殊的叶形，白色的球茎具有较高的观赏性，栽培适应性良好，适种于公园、校园、庭院、屋顶、阳台等城市农业空间。

品种推荐　'荷兰球茎茴香''意大利球茎茴香'等。

☀	喜光，不耐阴
💧	喜湿润，不耐涝且不耐旱
🌡	喜冷凉，耐寒，生长适温为12～22℃
📅	露地4月、8—9月可定植；室内全年可种植
❋	自然花期为4—6月
🏠	公园、校园、庭院、屋顶、阳台等

洋葱 Onion

拉丁学名　*Allium cepa*　　**科属**　石蒜科葱属

形态特征　2年生或多年生草本。根为弦状须根。茎短缩形成扁圆锥形的茎盘。叶则由叶身和叶鞘组成，叶身为暗绿色圆筒形，叶鞘基部在生长初期膨胀形成鳞茎，每株会形成一个近球形的鳞茎，颜色多样，如紫红、粉红、铜黄、淡黄或白色等。花葶呈圆柱状，中空，中下部膨大，高达1m；自然花期和果期为5—7月。

分布状况　原产自亚洲西部。如今世界各地广泛栽培。在我国主要产于江苏、甘肃、山东、四川、云南等地。

生态习性　喜冷凉，耐冻性强，幼苗能耐−7℃的低温，但同时需要较高的温度以促进鳞茎膨大，可露地越冬。长日照作物，每天12h以上的光照时间能加速鳞茎的形成。此外，洋葱的耐旱、耐湿、喜肥的特性，使其在多种土壤条件下均能生长良好。

应用介绍　洋葱在生活和烹饪中有着广泛的应用。它是许多菜肴的重要调味品，能为菜肴增添独特的风味。同时，洋葱还具有丰富的营养价值，含有硫化物、维生素C等多种对人体有益的成分。具有抗菌、消炎、抗氧化等多种生物活性，有助于预防心血管疾病、增强免疫力等。洋葱的栽培适应性良好，适种于公园、校园、庭院、屋顶、阳台等城市农业空间。

品种推荐　'紫冠玉葱''红宝一号'等。

☀	喜光，稍耐阴
💧	耐旱也较耐湿，对空气湿度要求不严格
🌡	喜冷凉，生长适温为18～25℃，可露地越冬
🗓	露地3—9月可种植；室内全年可种植
✻	自然花期为5—7月
🏛	公园、校园、庭院、屋顶、阳台等

葱 Welsh Onion

拉丁学名　*Allium fistulosum*　　　**科属**　石蒜科葱属

形态特征　多年生草本。株高可达50cm。须根丛生，白色。鳞茎单生或聚生，圆柱状；茎基部稍肥大，稀呈窄卵状圆柱形；直径1～2cm，有的达4.5cm；外皮白色，稀为淡红褐色，膜质或薄革质，不裂。叶基生，圆柱形，中空，长约45cm，直径1～2cm，先端尖，绿色，具纵纹。花茎自叶丛抽出，伞形花序呈圆球状；花梗近等长，纤细，等于或长为花被片长度的2～3倍，无小苞片；花白色；花被片呈卵形，长6～8.5mm，先端渐尖，具反折小尖头，内轮稍长；自然花期为7—9月。蒴果呈三棱形。种子为黑色，三角状半圆形。

分布状况　在我国分布广泛，主产区位于淮河和秦岭以北地区，如山东、河北、河南，以及辽宁、吉林、黑龙江等地。

生态习性　喜冷凉，不耐炎热，耐旱不耐涝。根系生长在30cm以内的土层中，具有浅和短的特点，因此吸收能力比较弱，要求土壤疏松肥沃、排水良好。对光照的要求适中，不需要强烈的光照，过强的光线会导致叶身过早老化，纤维增多，影响品质。

应用介绍　葱在日常生活中的应用非常广泛，不仅是重要的调味品，还具有一定的药用价值，可用于治疗感冒、发热等症状。葱的栽培适应性良好，适种于公园、校园、庭院、屋顶、阳台等城市农业空间。

品种推荐　'明慧''名门''长丰大葱'等。

☀	喜光，但不耐强光暴晒
💧	耐旱，根系怕涝
🌡	喜冷凉，生长适温为7～35℃
📅	露地3—4月、9—10月可播种
✳	自然花期为7—9月
🏛	公园、校园、庭院、屋顶、阳台等

蒜 Garlic

拉丁学名 *Allium sativum* **科属** 石蒜科葱属

形态特征 多年生草本。鳞茎单生，球状或扁球状，常由多数小鳞茎组成，外被数层鳞茎外皮，外皮白色或紫色，膜质。叶片呈宽条形至条状披针形，扁平，短于花葶，宽达2.5cm。伞形花序；花葶实心，圆柱状；花梗纤细，长于花被片；小苞片膜质，卵形，具短尖；花常为淡红色，内轮花被片呈卵形，长3mm，外轮呈卵状披针形；花丝短于花被片，子房呈球形，花柱不伸出花被；自然花期为6—7月。

分布状况 原产于亚洲西部和欧洲。后在西汉武帝时期由张骞带入我国，现已广泛分布于我国各地，特别是上海、云南、江苏、河南、河北、安徽、四川、新疆、山东等地。

生态习性 喜光，耐寒，具有先营养生长后生殖生长的特点。较耐旱，不耐涝。生长适温为15～32℃，抽薹要求经过10℃左右的低温时期，而鳞茎形成则需要12h以上的长日照和较高温度。当温度持续高于26℃时，地上部植株会枯死，地下鳞茎则进入休眠状态。

应用介绍 蒜在食品、医疗等领域具有广泛的应用。作为调味品，蒜能增强菜肴的口感和风味。蒜还具有一定的抗菌消炎作用，可用于预防和治疗感冒、腹泻、痢疾等感染性疾病。栽培适应性良好，适种于公园、校园、庭院、屋顶、阳台等城市农业空间。

品种推荐 '航蒜一号''金育3号'等。

☀	喜光
💧	较耐旱，不耐涝
🌡	喜冷凉，生长适温为15～32℃
📅	露地3—4月、9—10月可播种
✿	自然花期为6—7月
🏛	公园、校园、庭院、屋顶、阳台等

韭 Leek

拉丁学名　*Allium tuberosum*　　**科属**　石蒜科葱属

形态特征　植株高度一般在20～45cm。根状茎横卧，呈簇生状；鳞茎呈狭圆锥形，外皮为黄褐色，有网状纤维质。叶呈条形，扁平且光滑，边缘无锯齿，实心，短于花葶，宽1.5～8mm；叶片簇生于短缩茎上，分为宽叶和窄叶两种类型。伞形花序呈半球形至近球形；花梗近等长，长为花被片长度的2～4倍，具小苞片，数枚花梗基部为一苞片所包；花白色，花被片中脉为绿色或黄绿色，内轮呈长圆状倒卵形，稀呈长圆状卵形，外轮常稍窄，呈长圆状卵形或长圆状披针形；自然花期为7—10月。

分布状况　原产于亚洲东南部。现广泛栽培于世界各地。在我国，北起黑龙江，南至海南，西起青藏高原，东至沿海地区都栽培有韭菜。

生态习性　喜冷凉，耐寒也耐热，生长适温为12～24℃。对土壤的适应性较强，不耐积水，在pH 5.5～6.5、排水良好的土壤中生长最佳。中光性长日照植物，中等光照强度下生长良好。生长迅速，收割一茬后会很快再生，一般每隔20多天就可以长成。

应用介绍　韭菜的叶、花葶和花均可作为蔬菜食用，具有温阳行气、宣痹止痛、散瘀解毒等功效。此外，韭菜的种子可入药，有温补肝肾、壮阳固精的功效。韭菜还富含多种维生素和矿物质，对人体健康有益。韭菜的栽培适应性良好，适种于公园、校园、庭院、屋顶、阳台等城市农业空间。

品种推荐　'海韭5号''冬韭王''平韭2号'等。

☀	中等光照强度下生长良好
💧	不耐积水，喜排水良好的壤土
🌡	喜冷凉，耐寒也耐热，生长适温为12～24℃
▦	露地3—6月、9—10月可播种
✳	自然花期为7—10月
🏛	公园、校园、庭院、屋顶、阳台等

石刁柏 Asparagus

拉丁学名 *Asparagus officinalis* **科属** 天门冬科天门冬属

形态特征 多年生草本。茎由地下根状茎及地上茎组成，由地下茎先端芽茎叶腋中的鳞芽形成，根状茎多节，节上的芽被鳞片包裹。叶状枝 3 ～ 6 枝成簇，近扁圆柱形，微有钝棱，纤细，常稍弧曲，鳞叶基部有刺状短距或近无距。花 1 ～ 4 朵腋生，绿黄色，生于植株中上部茎的叶腋处；自然花期为5—6月。果期为9—10月。

分布状况 原产地为地中海沿岸。如今世界各地均有栽培。我国新疆西北部（塔城）有野生株，20世纪80年代以来，浙江、山东、四川等地开始大面积栽培。

生态习性 对温度的适应性很强，既耐寒，又耐热，但最适于四季分明、气候宜人的温带地区栽培。气温在－33℃时，仍可安全越冬。在冬季的北京地区，地上部枯萎，根状茎和肉质根进入休眠期越冬，春季地温回升，地温在10℃以上时嫩茎开始伸长，15 ～ 17℃最适合嫩芽形成，35 ～ 37℃则植株生长受抑制。一般以春季萌生的嫩茎供食用，生长依靠根中前一年贮藏的养分。嫩茎的生长与产量的形成，与前一年成茎数和枝叶的繁茂程度呈正相关，随植株年龄增长，发生的嫩茎数和产量逐年增多。一般定植后的4—10年为盛产期。不耐涝，雨季应注意排水。

应用介绍 石刁柏含有丰富的维生素A、维生素B以及硒、铁、锰、锌等元素。石刁柏当中的脂肪量和糖量都非常低，对于一些想要健身减肥的人来说是非常友好的。石刁柏的栽培适应性良好，适种于公园、校园、庭院、屋顶、阳台等城市农业空间。

品种推荐 ‘绿芦笋’‘紫芦笋’等。

☀	喜光
💧	不耐涝，雨季应注意排水
🌡	喜温暖，生长适温为12 ～ 25℃
📅	露地5—10月可种植
✹	自然花期为5—6月
🏛	公园、校园、庭院、屋顶、阳台等

姜 Ginger

拉丁学名　*Zingiber officinale*　　科属　姜科姜属

形态特征　多年生草本。株高通常在0.5～1m。根状茎肥厚多分枝，具有特殊的芳香和辛辣味。叶片呈披针形或线状披针形，无毛无柄，叶舌膜质。花序为穗状花序，呈球果状；苞片呈卵形，长约2.5cm，淡绿色或边缘为淡黄色；裂片呈披针形，唇瓣中央裂片呈长圆状倒卵形；设施栽培偶现花蕾。

分布状况　原产于东南亚的热带地区。亚洲热带地区常见栽培。在我国广泛栽培于中部、东南部至西南部地区。

生态习性　生态习性独特，喜温而不耐寒，发芽适温为22～25℃，生长适温为25～28℃，植株遇霜凋谢，受冻则根状茎完全失去发芽能力。对于水分的要求也较高，土壤过干或过湿均会引起生长发育不良。同时，姜耐阴而不耐强光，栽培时应搭荫棚或利用间作物适当遮阳。

应用介绍　姜的应用价值极高，根状茎可供药用，鲜品或干品均可作为烹调配料，也可制成酱菜、糖姜等食品。此外，姜的茎、叶、根状茎均可用于提取芳香油，芳香油可作为食品、饮料、化妆品的香料。在医学上，姜具有解表散寒、温中止呕、化痰止咳的功效。姜的栽培适应性良好，适种于公园、校园、庭院、屋顶、阳台等城市农业空间。

品种推荐　'鲁姜一号''山农大姜2号''罗平小黄姜'等。

☀	耐阴，不耐强光
💧	土壤过干或过湿均会引起生长发育不良
🌡	发芽适温为22～25℃，生长适温为25～28℃
📅	露地4—5月可种植
❀	设施栽培偶现花蕾
🏠	公园、校园、庭院、屋顶、阳台等

菠菜 Spinach

拉丁学名　*Spinacia oleracea*　　　**科属**　苋科菠菜属

形态特征　1年生草本。根呈圆锥状，红色。茎直立，中空，脆嫩多汁。叶呈戟形至卵形，鲜绿色，抽薹前叶片簇生于短缩茎。单性花，少数有两性花；雄花无花瓣，集成球形团伞花序，再于枝和茎的上部排列成有间断的穗状圆锥花序，花萼4～5裂；雌花团集于叶腋，花萼2～4裂；花色为白色；自然花期为5—9月。

分布状况　原产于伊朗，有2 000年以上的栽培历史。7世纪由尼泊尔人带入我国，如今遍布世界。我国南北各地普遍栽培。

生态习性　适应性强，为典型的长日照蔬菜，在高温长日照下易抽薹开花。耐寒性强，成株在冬季最低气温为-10℃左右的环境下可露地安全越冬，生长适温为15～20℃，超过30℃发芽率降低。对水分要求高，水分充足，生长旺盛时产量高、品质好，要求土壤湿度为70%～80%。对土壤适应性较强，但以保水保肥力强的肥沃土壤为宜，耐酸力较弱。

应用介绍　菠菜富含维生素以及钙、铁等矿物质，蛋白质含量也较高，营养丰富，可凉拌、炒食或做汤。菠菜更多作为庭院蔬菜或者盆栽蔬菜使用，也可作为地被植物在冬季覆盖裸露地，以越冬菠菜和埋头菠菜为主。凭借良好的栽培适应性，适种于公园、校园、庭院、屋顶、阳台等城市农业空间。

品种推荐　'绿亮速生''蔬菠23号'等。

☀	喜光，对日照要求不严格
💧	喜水，要求土壤湿度为70%～80%
🌡	耐寒，生长适温为15～20℃，可露地越冬
▦	露地3—11月可种植；室内全年可种植
✿	自然花期为5—9月
🏛	公园、校园、庭院、屋顶、阳台等

苋 Amaranth

拉丁学名 *Amaranthus tricolor*　　**科属**　苋科苋属

形态特征　1年生草本。株高达1.5m。茎粗壮，绿色或红色，常分枝。叶片为绿色或带红、紫或黄色、卵形、菱状卵形或披针形。花簇腋生，直到下部叶，或同时具顶生花簇，形成下垂的穗状花序；花成簇腋生，组成下垂穗状花序；花簇呈球形，雄花和雌花混生；苞片呈卵状披针形，顶端具长芒尖；花被片呈长圆形，绿或黄绿色，顶端具长芒尖，背面具绿或紫色中脉；自然花期为5—8月。

分布状况　原产于印度、中亚、日本等地。后引种于欧洲西部、非洲、大洋洲西部等地。在我国各地皆有栽培，有的逸为半野生，常生长于海拔2 100m以下的农田、园圃、村边等地。

生态习性　喜温暖湿润，耐干旱，不耐寒，生长适温为20 ～ 25℃，温度低于10℃或高于35℃均生长不良，生长适宜土温为18 ～ 20℃。生长中遇−1℃的低温会受冻害，故在我国北方地区不能露地越冬。夏季生长迅速，秋季生长迟缓。喜通风良好的环境，忌水涝和湿热，在日照充足的地方生长良好。要求多腐殖质的微酸性至中性土壤，以疏松肥沃的黏质壤土最为适宜。

应用介绍　苋叶内含维生素和色素，具有一定营养价值，嫩茎叶可作为汤用食材或炒菜用食材，味鲜美。苋具有较高的观赏性和良好的栽培适应性，适种于公园、校园、庭院、屋顶、阳台等城市农业空间。

品种推荐　'红柳叶苋菜''圆叶红苋菜''柳叶青苋菜'等。

☀	喜光
💧	喜湿润，忌水涝和湿热
🌡	喜温暖，生长适温为20 ～ 25℃
▣	北方地区露地春夏可栽培；设施内若温度适宜，一年四季均可栽培
✵	自然花期为5—8月
🏛	公园、校园、庭院、屋顶、阳台等

蕹菜 | Water Spinach

拉丁学名 *Ipomoea aquatica*　　**科属**　旋花科番薯属

形态特征　1年生或多年生草本。茎蔓生，圆形而中空，柔软，绿色或淡紫色；茎节易生不定根。叶互生，有宽卵形、长卵形、短披针形和长披针形等。聚伞花序腋生；萼片呈卵圆形，先端钝，无毛；花冠为白、淡红或紫色，漏斗状；自然花期为7—9月。蒴果呈卵形，含种子2～4粒。种子近圆形，黑褐色。

分布状况　原产于中国。现已作为一种蔬菜广泛栽培，或有的逸为野生状态，分布遍及亚洲热带地区、非洲、大洋洲。我国的华南、华中、华东、西南各地普遍栽培，是夏秋季的重要蔬菜。

生态习性　喜高温多湿的环境，生长适温为25～30℃，能耐35～40℃的高温，在10℃以下生长停滞。耐旱也较耐湿，对空气湿度要求不严格。对土壤条件要求不严格，但因喜肥喜水，仍以比较黏重、保水保肥力强的土壤为宜。

应用介绍　蕹菜富含营养成分，如蛋白质、膳食纤维、碳水化合物、钙、磷、镁、铁、锌，以及钾、硒、胡萝卜素等。其营养价值高、病虫害较少、容易栽培管理，近几年在阳台蔬菜中也逐渐兴起。凭借其良好的栽培适应性，适种于公园、校园、庭院、屋顶、阳台等城市农业空间。

品种推荐　'青梗子蕹菜''青叶白壳''白梗'等。

☀	喜光，稍耐阴
💧	耐旱也较耐湿，对空气湿度要求不严格
🌡	喜高温，生长适温为25～30℃
📅	露地4—10月可种植；室内全年可种植
✽	自然花期为7—9月
🏛	公园、校园、庭院、屋顶、阳台等

叶用甜菜 Leaf Beet

拉丁学名 *Beta vulgaris*　　**科属**　苋科甜菜属

形态特征　2年生草本。植株矮生或直立，叶柄肥厚，颜色多样，有绿色、白色、黄色、紫红色。营养生长时期茎短缩；生殖时期抽生花茎。叶呈卵圆形或长卵圆形，肥厚，表面皱缩或平展，有光泽，绿色或紫红色；叶柄发达，宽短肥厚或窄长肥圆。花为复总状花序，淡绿色略带红色，低温长日照易抽薹开花；自然花期为6—7月。

分布状况　主要分布于土耳其、希腊等地中海沿岸国家。在我国的长江、黄河流域以及西南地区都有广泛种植。

生态习性　喜光，不耐阴，喜冷凉，耐低温和高温，适应性强。种子发芽适宜温度及生长适温为18 ~ 25℃，日平均温度在14 ~ 16℃生长较好。对土壤要求不严格，耐盐碱，土壤pH以中性或弱碱性为宜。

应用介绍　叶用甜菜以嫩叶为食用部分，可炒食、煮汤、做沙拉等，清热解毒，是我国西南地区常见的食用叶菜。叶用甜菜遗传类型多样，存在多种生物类型，并具有抗病的品种，作为糖用甜菜的近缘种，是糖用甜菜遗传改良的重要资源。叶用甜菜兼具食用、药用、观赏等价值，适种于公园、校园、庭院、屋顶、阳台等城市农业空间。

品种推荐　'紫甜1号''金甜1号''白梗甜菜'等。

☀	喜光，不耐阴
💧	喜湿润，不耐涝
🌡	喜冷凉，耐寒，生长适温为18 ~ 25℃
🏛	露地4月、8—9月可定植；室内全年可种植
❀	自然花期为6—7月
🏢	公园、校园、庭院、屋顶、阳台等

秋葵 Okra

拉丁学名 *Abelmoschus esculentus*　　　　**科属**　锦葵科秋葵属

形态特征　1年生草本。根系发达，直根。茎直立分枝，主茎直立，木质化，基部节间较短，自基部节位生侧枝数条，自着花节位起不发生侧枝。叶互生，叶掌状5裂，叶身有茸毛或刚毛，叶柄细长，中空。花腋生，完全花，一般在主干第4～10节开始着生，以后通常每节着生一花；花大，花瓣为黄色，通常5片，基部为暗红色，花期仅有数小时，当天午后萎谢；自然花期为5月。

分布状况　原产于印度。如今我国的河北、山东、江苏、浙江、福建、台湾、湖北、湖南、广东、海南、广西、云南等地引入栽培。

生态习性　喜温暖，喜阳光充足，耐热，不耐寒，耐湿，不耐霜冻，对水分的需求随生育时期的变化而变化，对光照敏感，需要较长的日照时间。对土地的适应性强，但以肥沃、排水良好的土壤最为适宜。

应用介绍　秋葵果实可食用，茎、叶的粉可作为饲料着色剂，种子可用作茶饮或饲料。秋葵植株高、花冠大、叶片宽、果实颜色丰富，可与其他植物搭配成景，适种于公园、校园、庭院、屋顶、阳台等城市农业空间。

品种推荐　'吉秋葵1号''红秋葵''咔里巴''闽秋葵3号'等。

☀	喜阳光充足，不耐阴
💧	喜湿润，耐湿
🌡	喜温暖，耐热，不耐寒
🪴	露地4月可直播或定植；室内全年可种植
✿	自然花期为5月
🏠	公园、校园、庭院、屋顶、阳台等

番杏 New Zealand Spinach

拉丁学名　*Tetragonia tetragonioides*　　**科属**　番杏科番杏属

形态特征　1年生肉质草本。株高达60cm。茎初直立，后平卧上升，肉质，淡绿色，基部分枝。叶呈卵状菱形或卵状三角形，长4～10cm，边缘呈波状；叶柄肉质，长0.5～2.5cm。花单生或2～3朵簇生于叶腋；花梗长2mm；花被筒长2～3mm。果呈陀螺形，长约5mm，具钝棱，4～5角，花被宿存；自然花果期为8—10月。

分布状况　原产于大洋洲。现在主要栽培地区有欧洲、美洲、日本、亚洲南部等。我国的江苏、浙江、福建、台湾、广东、云南有栽培。

生态习性　多肉质植物，耐旱及盐碱，喜日光，忌高温多湿，生长适温为13～27℃，温度低于10℃将影响正常生长。喜排水良好的沙质土壤，宜干燥、通风、光线充足的环境。

应用介绍　番杏可作为蔬菜，含丰富的铁、钙、维生素A、维生素B，也可药用，具有清热解毒，祛风消肿，治疗肠炎、败血症、疗疮红肿、风热目赤的功效。番杏的栽培适应性良好，株型美观，可以造景亦可盆栽，适种于公园、校园、庭院、屋顶、阳台等城市农业空间。

品种推荐　'水晶番杏''粉绿番杏'等。

☀	喜日光，不耐阴
💧	耐旱，耐盐碱，不耐涝
🌡	喜温暖，生长适温为13～27℃
🏛	露地5—10月可种植；室内全年可种植
✳	自然花果期为8—10月
🏛	公园、校园、庭院、屋顶、阳台等

冰叶日中花 | Ice Plant

拉丁学名 *Mesembryanthemum crystallinum*　　　**科属** 番杏科日中花属

形态特征 1年生或2年生草本。茎匍匐，长30～60cm，分枝能力强。叶片对生，扁平，带肉质，浅绿色，呈卵形或长匙形；基部几呈心形，紧抱茎，边缘为波状；叶表覆有包含盐分的透明液体隆起，下部叶有柄。花单个腋生，几无梗；花瓣多数，线形，比萼片长，带白色或浅玫瑰红色；自然花期为7—9月。

分布状况 原产于非洲南部。后引入日本。目前，我国的山东、浙江、云南、湖北、上海等地均有一定规模的种植。

生态习性 肉质草本，根系发达。耐旱及盐碱，喜日光，忌高温多湿，生长适温为15～25℃，温度低于10℃将影响正常生长。喜排水良好的沙质土壤，宜干燥、通风、光线充足的环境。

应用介绍 冰叶日中花花色艳丽、叶形奇特，表面具有泡状小隆起，形状似水晶，十分美丽，具有观赏价值。植株内含有多种氨基酸、黄酮类化合物，此是其他蔬菜中少有的营养物质。冰叶日中花口感鲜嫩、爽脆，可以生吃、凉拌或做汤。在城市农业应用场景中，冰叶日中花可用作庭院植物或盆栽植物使用。凭借良好的栽培适应性，适种于公园、校园、庭院、屋顶、阳台等城市农业空间。

品种推荐 '水晶冰菜''养生水晶冰菜'等。

☀	喜日光，不耐阴
💧	耐旱，耐盐碱，不喜涝
🌡	喜温暖，生长适温为15～25℃
🪴	露地5～10月可种植；室内全年可种植
✳	自然花期为7—9月
🏫	公园、校园、庭院、屋顶、阳台等

费菜 Stonecrop Herb

拉丁学名 *Phedimus aizoon*   **科属** 景天科费菜属

形态特征 多年生肉质草本。株高20～50cm。茎粗壮直立，无毛，不分枝。叶近革质，互生，窄披针形、椭圆状披针形或卵状披针形，长3.5～8cm，先端渐尖，基部呈楔形，有不整齐锯齿。聚伞花序顶生，萼片5片，线形，肉质，不等长，长3～5mm，先端钝；花瓣5片，黄色，长圆形或椭圆状披针形，长0.6～1cm，有短尖；自然花期为6—7月。蓇葖果呈芒状排列；果期为8—9月。种子呈椭圆形。

分布状况 原产于东亚。如今在我国的华北、华东、华中、东南、西南等地均有分布。

生态习性 喜温暖，性耐寒，能耐短期的－5℃低温，根部能耐－30℃低温，但低温可能会影响来年的生长，生长适温为12～25℃。喜阳光及干燥通风，忌水湿，对土壤要求不严格，耐旱，耐寒，耐瘠薄，能在多种土壤环境中生长，甚至在山坡岩石上和荒地上也能旺盛生长。

应用介绍 费菜主要食用部位为嫩茎叶，无异味，可凉拌、素炒以及配肉、蛋、食用菌来炒、涮食、炖等，久煮不烂，口感极佳。有一定药用价值，具有散瘀止血、清热解毒、镇静安神、平肝宁心等功效。费菜适应性极强，株型美观，可以造景亦可盆栽，适种于公园、校园、庭院、屋顶、阳台等城市农业空间。

品种推荐 '狭叶养心菜''宽叶养心菜'等。

☀	喜阳光
💧	忌水湿，耐旱
🌡	喜温暖，生长适温为12～25℃
📅	露地4—10月可种植；室内全年可种植
✿	自然花期为6—7月
🏠	公园、校园、庭院、屋顶、阳台等

红凤菜 Okinawan Lettuce

拉丁学名　*Gynura bicolor*　　　**科属**　菊科菊三七属

形态特征　多年生草本。全株无毛。茎直立，柔软，基部稍木质，上部有伞房状分枝。叶片呈倒卵形或倒披针形，弧状上弯，上面为绿色，下面干时变紫色，两面无毛；上部叶和分枝上的叶小，披针形至线状披针形，具短柄或近无柄。头状花序，花序梗细，小花为橙黄色或红色，花冠伸出总苞，有丝状苞片；自然花期为5—10月。瘦果呈圆柱形，淡褐色。种子呈短圆形。

分布状况　主要分布在中国、印度、尼泊尔、不丹、缅甸、日本。在我国主要分布在福建、浙江、江西、广西、江苏、湖南、湖北等地，北方地区作为特菜品种也有一定数量的保护地种植。

生态习性　喜冷凉，也具有较强的耐热性。它对温度的适应范围较广，15 ~ 35℃均能正常生长，但最好保持日均温度在15 ~ 19℃。对光照要求不严格，喜全光照，但在半阴处也能开花。不择土壤，富含腐殖质的壤土更适宜，且根部耐旱，能在夏季高温干旱条件下顽强生长。

应用介绍　红凤菜不仅具有观赏价值，更是一种营养丰富的野菜，它的嫩茎叶可以食用，口感独特，深受人们喜爱，常被用来做蔬菜沙拉或天妇罗。具有一定的清热利湿、解毒凉血作用。红凤菜株型美观，可以造景亦可盆栽，适种于公园、校园、庭院、屋顶、阳台等城市农业空间。

品种推荐　'紫背天葵''绿背天葵'等。

☀	喜全光照，半阴处也能开花
💧	喜湿润，根部耐高温干旱
🌡	喜冷凉，生长适温为15 ~ 35℃
▦	露地5—9月可种植；室内全年可种植
✳	自然花期为5—10月
🏛	公园、校园、庭院、屋顶、阳台等

菜蓟 Artichoke

拉丁学名　*Cynara scolymus*　　科属　菊科菜蓟属

形态特征　多年生草本。株高达2m。茎粗壮，茎枝密被或疏被蛛丝状毛。基生叶呈莲座状；下部茎生叶呈长椭圆形或宽披针形，2回羽状全裂，下部渐窄，叶柄长；中部及上部茎生叶渐小，最上部叶呈长椭圆形或线形；叶草质，上面无毛，下面灰白色，被绒毛。头状花序极大，生于分枝顶端，总苞多层，几乎无毛，硬革质，中外层苞片先端渐尖，内层苞片先端有附片，内层苞片先端有小尖头；小花为紫红色，花冠长4.5cm；自然花期为7月。瘦果呈长椭圆形，冠毛为白色，多层。

分布状况　原产于地中海地区。广泛种植于法国、西班牙、比利时等地。我国的种植规模较小。

生态习性　喜温暖湿润，不耐热，但较耐寒，生长适温为15～25℃，能耐0℃左右的低温及霜冻，但不能忍受－7℃的短期低温，属长日照作物，要求较强的光照，喜湿但不耐涝，对土壤的要求不严格，以土层深厚、肥沃、排灌方便的土壤为宜。

应用介绍　菜蓟中含多种营养成分，如蛋白质、菊糖、维生素、铁、钠、钙等，且含有菜蓟素、天门冬酰胺、黄酮类化合物、咖啡酸等，具有一定的保健功效，未成熟头状花序的肉质部分是美味的菜肴。菜蓟营养价值高、病虫害较少、容易栽培管理，适种于公园、校园、庭院、屋顶等城市农业空间。

品种推荐　'绿球朝鲜蓟''紫罗兰朝鲜蓟'等。

☀	喜光
💧	喜湿但不耐涝
🌡	喜温暖，生长适温为15～25℃
▭	露地可在3月中下旬、9月中下旬种植
❋	自然花期为7月
🏠	公园、校园、庭院、屋顶等

冬葵 Curly Mallow

拉丁学名 *Malva verticillata* var. *crispa*　　**科属** 锦葵科锦葵属

形态特征 1年生或2年生草本。株高0.5～1.3m。茎直立，不分枝，被柔毛。叶近圆形，直径5～10cm，常5～7裂，裂片呈三角状圆形，具锯齿，并极皱曲（幼叶尤明显），两面无毛或疏被糙伏毛或星状毛；叶柄长3～8cm，疏被柔毛，托叶卵状披针形，被星状柔毛。花小，单生或数朵簇生于叶腋，近无花梗或梗极短；小苞片3片，线状披针形，长4～6mm，疏被糙伏毛；花萼呈浅杯状，长0.8～1cm，5裂，裂片呈三角形，疏被星状柔毛；花冠为白色或淡紫红色；花瓣5片，较萼片略长；自然花期为5—9月。分果呈扁球形，背面平滑，两侧具网纹。

分布状况 原产于亚洲东部，是我国古代的重要蔬菜。目前在我国的西南、华中、华南地区有部分栽培。

生态习性 喜冷凉湿润，不耐高温，耐寒性较强，轻霜不枯萎。生长适温为15～20℃，适于春秋两季栽培，可露地越冬。对土壤要求不严格，适宜在排水良好、疏松肥沃的土壤栽培。

应用介绍 冬葵全株可入药，其根、茎、叶、种子，味甘、性寒，具有清热解毒、滑肠通便、止咳化痰等功效。冬葵生长周期长、营养价值高、病虫害较少、容易栽培管理，近几年在阳台蔬菜中也逐渐兴起。凭借良好的栽培适应性，适种于公园、校园、庭院、屋顶、阳台等城市农业空间。

品种推荐 '紫梗冬寒菜''白梗冬寒菜'等。

☀	喜充足光照
💧	喜湿润
🌡	喜冷凉，不耐高温，生长适温为15～20℃，可露地越冬
▦	露地可于春季、秋季种植；室内全年可种植
✿	自然花期为5—9月
🏛	公园、校园、庭院、屋顶、阳台等

二、粮油类作物

小麦 Wheat

拉丁学名 *Triticum aestivum* **科属** 禾本科小麦属

形态特征 1年生或越年生草本。株高60～120cm。茎秆直立，分蘖能力强，成熟后呈黄色。叶片呈线形，长15～40cm，宽1～2cm，叶缘粗糙，叶鞘包茎，具叶舌（膜质）和叶耳。复穗状花序，穗长5～15cm，小穗无柄，每个小穗含3～9朵小花，通常其中的2～5朵可育；小花外稃具芒或无芒，雄蕊3枚，雌蕊柱头呈羽毛状，以自花授粉为主；露地4—5月观叶，5—6月观穗。颖果即麦粒，椭圆形，长5～8mm，种皮颜色为白、红或紫色。

分布状况 原产于小亚细亚至伊朗、黎巴嫩、叙利亚等地。目前世界各地广泛栽培。我国南北各地广泛栽培，分为北方冬麦区、南方冬麦区，以及春小麦区等三大产区，北方地区以冬小麦为主，南方地区可种植春小麦。

生态习性 冬小麦幼苗越冬需低温春化（0～5℃持续30～50d），生长适温15～25℃。春小麦全生育期需≥10℃积温1600～2200℃，耐寒性较弱。需水量中等，关键需水期为拔节至灌浆期。喜土层深厚、排水良好的壤土或黏壤土，pH以6.0～7.5为最佳，耐轻度盐碱。冬小麦生育期230～280d，春小麦90～120d。

应用介绍 小麦是人类的主食之一，磨成面粉后可制作面包、馒头等食物，发酵后可制成啤酒等，还可用于生产淀粉、酒精、面筋、饲料、生物质燃料、麦芽糖、食品添加剂等。小麦是北京地区冬季优秀的农田覆盖植物，适种于公园、校园、庭院、屋顶等城市农业空间。

品种推荐 '农大3486''京麦18''京麦12''京麦19'等。

☀	喜光
💧	耐旱，也较耐湿
🌡	生长适温为15～25℃，冬小麦幼苗越冬需低温春化
📅	春小麦3—4月、冬小麦9—10月可种植
✿	露地4—5月观叶，5—6月观穗
🏠	公园、校园、庭院、屋顶等

大麦 Barley

拉丁学名　*Hordeum vulgare*　　科属　禾本科大麦属

形态特征　1年生草本。株高50～100cm。茎秆粗壮，光滑无毛，直立。叶鞘松弛抱茎，多无毛或基部具柔毛；两侧有2个披针形叶耳；叶舌膜质，长1～2mm；叶片长9～20cm，宽7～20mm，扁平。穗状花序长3～8cm（芒除外），直径约1.5cm，小穗稠密，每节着生3枚发育的小穗，小穗均无柄，长1～1.5cm（芒除外）；自然花果期为5—7月。

分布状况　原产于中东地区。至今仍可以在中东地区看到野生种。适应性很强，如今是温带和热带地区的主要作物之一。在我国，早在新石器时代中期就已经有栽培，距今已有5 000年的历史。

生态习性　生长环境多样，而且具有春冬生长习性。耐寒性强，发芽适温为15～20℃，生长适温为15～25℃，冬季品种可耐−10℃低温。需水量中等，分蘖至抽穗期需充足水分，成熟期耐旱。土壤适应性强，以pH 6～8的沙壤土或黏壤土为佳，耐轻度盐碱。长日照促进开花，春大麦对光周期敏感。

应用介绍　在食品方面，可用来制作大麦茶、麦片、糌粑（青稞制品）、面粉（混合用途）。在饲料方面，秸秆及籽粒可作为牲畜高能饲料。在酿造方面，可作为啤酒麦芽（主原料）、威士忌发酵基料。在生态方面，可作为绿肥作物和盐碱地先锋植物。适种于公园、校园、庭院、屋顶等城市农业空间。

品种推荐　'浙皮19号''甘啤4号''扬农啤8号'等。

☀	喜光
💧	需水量中等，成熟期耐旱
🌡	生长适温为15～25℃
📅	露地3月下旬至4月中旬可种植
❀	自然花果期为5—7月
🏠	公园、校园、庭院、屋顶等

玉米 | Corn

拉丁学名　*Zea mays*　　科属　禾本科玉蜀黍属

形态特征　1年生草本。株高1～3m。茎秆直立，粗壮，节间明显。叶片宽大，带状，边缘有锯齿，叶色深绿。雌雄花同株，雄花为顶生圆锥花序，雌花为腋生穗状花序，外包有多层苞叶；自然花期：春玉米7月，夏玉米9月。颖果，即玉米粒，排列在穗轴上，颜色多样。

分布状况　原产地是中美洲。现在广泛种植于温带和热带地区。主要生产国包括美国、中国、巴西、阿根廷、印度等。我国各地均有栽培。

生态习性　喜温暖湿润，发芽温度至少为10℃，生长适温为20～30℃，需要充足的光照，属于短日照植物，不过现在很多品种对光周期不敏感。土壤方面，要求肥沃、排水好的沙壤土或壤土，pH中性至微酸性。生育期80～120d，不同品种不同，需要合理的水分管理，尤其是在抽穗至灌浆期。

应用介绍　玉米营养价值较高，是全球重要的粮食作物，也是食品、医疗卫生、轻工业、化工业等不可或缺的原料之一。玉米是北京地区的主要农作物之一，适种于公园、校园、庭院等城市农业空间。

品种推荐　'京科糯768''斯达甜221''农科糯336''京黄糯269'等。

☀	喜光，不耐阴
💧	耐旱，耐湿
🌡	喜温暖，生长适温为20～30℃
📅	春玉米5月上旬至下旬、夏玉米6月中旬至7月初可种植
✿	自然花期：春玉米7月，夏玉米9月
🏛	公园、校园、庭院等

水稻 | Rice

拉丁学名 *Oryza sativa*　　**科属**　禾本科稻属

形态特征　1年生草本。株高0.5～1.5m。茎秆直立，中空，分蘖性强。叶片狭长，叶色深绿，叶鞘包裹茎部。圆锥花序，小穗含一朵花，花为白色或淡黄色；自然花期为7月底至8月初。颖果长约5mm，宽约2mm。

分布状况　主要分布在亚洲、非洲、美洲的热带和亚热带地区。我国是水稻的发源地之一，种植水稻已有1万多年历史，产量和种植面积均居世界第一位，总产量占世界总产量的30%左右。我国水稻产区主要集中在东北地区、长江流域、珠江流域。

生态习性　喜高温多湿，幼苗发芽最低温度范围为10～12℃，生长适温为20～30℃，需充足的水分，适合种植在水田中。

应用介绍　水稻是全球主要粮食作物之一，全世界有一半的人口食用它。同时，水稻还可以作为酿酒、制造饴糖的原料。除此之外，水稻也可用于制作饲料等。适种于公园、校园、庭院、阳台等城市农业空间。

品种推荐　'海育7233''京花101''京西稻3号'等。

☀	喜光
💧	喜多湿
🌡	喜高温，生长适温为20～30℃
📅	露地5月下旬可种植
✿	自然花期为7月底至8月初
🏛	公园、校园、庭院、阳台等

旱稻 Upland Rice

拉丁学名　*Oryza sativa*　　**科属**　禾本科稻属

形态特征　与水稻相似，但植株较矮，根系发达。茎秆直立，分蘖较少。叶片较窄，叶色深绿。圆锥花序，小穗含一朵花，花为白色或淡黄色；自然花期为7月底至8月初。

分布状况　由水稻在无水层的旱地条件下长期驯化演变形成的一种生态型作物，主要分布在亚洲、非洲、美洲的干旱和半干旱地区。我国的北方地区和西南地区有种植。

生态习性　具有较强的耐旱性和耐贫瘠性，能够在干旱和半干旱地区生长。对土壤的要求不高，但以疏松、排水良好的土壤为佳，生长适温为20～30℃。

应用介绍　旱稻的应用非常广泛，主要用于粮食生产，作为人类和一些动物的主食。同时，旱稻也是重要的饲料原料和工业原料，可用于制作淀粉、酒精等产品。适种于公园、校园、庭院、阳台等城市农业空间。

品种推荐　'旱稻297''旱香1号'等。

☀	喜光
💧	耐旱
🌡	喜高温，生长适温为20～30℃
▦	露地5月上旬至下旬可种植
✿	自然花期为7月底至8月初
🏫	公园、校园、庭院、阳台等

黍 Broom-Corn Millet

拉丁学名 *Panicum miliaceum*　　**科属**　禾本科黍属

形态特征　1年生草本。株高0.5 ~ 1.5m。茎秆直立，分蘖性强。叶片宽大，叶色深绿。圆锥花序，小穗含一朵花，花为绿色或紫色；自然花期为6—7月。颖果呈长圆形，长3 ~ 4mm，基腹面扁平。

分布状况　分布广泛，主要分布在东起朝鲜、日本，西至南欧、东非、北非，南至南亚、东南亚等地。在我国，主要分布在东北、华北、西北地区，尤以东北地区种植面积较大。

生态习性　适应性较强，可以生长在多种土壤类型中，但以肥沃的土壤最为适宜。耐贫瘠，耐高温，对水分要求不高，具有一定的耐旱性，适合在干旱和半干旱地区种植，生长适温为20 ~ 30℃。生长周期较短，一般在100 ~ 120d。

应用介绍　黍，又称黄米，是中国最早用于耕作的植物之一。在古代，黍曾是北方人主要的粮食作物，因其产量高、适应性强，被广泛种植和食用。黍在黄帝时期就已作为重要食材，与菽、麦、稻等一起出现在餐桌上，成为祭祀和庆祝活动中的必备美食。黍也可用于酿酒、制作饲料等。适种于公园、校园等城市农业空间。

品种推荐　'黄金黍''白玉黍''酒香黍''红黍'等。

☀	喜光
💧	耐旱
🌡	耐高温，生长适温为20 ~ 30℃
📅	露地4—5月可种植
✿	自然花期为6—7月
🏛	公园、校园等

高粱 Sorghum

拉丁学名 *Sorghum bicolor*　　**科属** 禾本科高粱属

形态特征 1年生草本。株高 1 ～ 3m。茎秆直立，粗壮，节间明显。叶片宽大，叶色深绿。圆锥花序，顶生，分枝多，花小且密集，花的颜色多为黄色或紫色；自然花期为7月底至8月初。颖果两面平凸，长 3.5 ～ 4mm，颜色为淡红色至红棕色。

分布状况 起源于非洲，特别是埃塞俄比亚和苏丹地区。在全球广泛分布，主要分布在非洲、亚洲、美洲的热带和亚热带地区。在我国，主要分布在华北、东北、西北地区。

生态习性 耐旱性强，适合在干旱和半干旱地区种植。适合在温暖气候中生长，生长适温为25 ～ 30℃，能耐受高达40℃的高温。对土壤要求不高，能在贫瘠的沙质或黏质土壤中生长，但以排水良好、肥沃的土壤为佳。

应用介绍 高粱主要用于食用、酿酒、制作饲料等，也可用于生物燃料生产。高粱的多功能性使其在粮食安全、饲料供应、工业生产、生态保护等方面发挥着重要作用，是全球重要的经济作物。适种于公园、校园等城市农业空间。

品种推荐 '晋杂5号''辽杂10号''雅津1号'等。

☀	喜光
💧	耐旱
🌡	喜温暖，生长适温为20 ～ 30℃，耐高温
📅	露地5月上旬至下旬可种植
✿	自然花期为7月底至8月初
🏫	公园、校园等

燕麦 Oats

拉丁学名 *Avena sativa*　　**科属**　禾本科燕麦属

形态特征　1年生草本。株高0.5～1.5m。茎秆直立，分蘖性强，中空，表面光滑。叶片狭长，叶色深绿。圆锥花序，小穗含2～3朵小花，通常自花授粉；自然花期为5月上旬。颖果（籽粒）被内外稃包裹，颜色为黄白色、灰褐色或黑色。

分布状况　原产于欧洲、西亚。如今为世界性栽培作物，在温带及寒温带地区广泛栽培，耐寒性强，适合生长于高纬度或高海拔环境。我国东北自辽宁南部，西至甘肃，北起内蒙古南部，南至广东、广西，西南至云南均有栽培。

生态习性　喜冷凉湿润，生长适温为15～25℃，幼苗耐−4℃低温，高温（>30℃）会抑制抽穗。长日照作物，充足光照可以促进分蘖与籽粒形成。耐瘠薄，pH在5.5～7.0为宜，以排水良好的沙壤土为最佳，忌连作。需水量中等（降水量以400～600mm/年为宜），抽穗期需湿润环境。

应用介绍　燕麦主要用于食用，具有明显的降低低密度胆固醇的作用，也具有一定的升高血清高密度胆固醇的作用，降血脂效果非常明显。燕麦还被广泛地应用在其他行业，如化妆品和药品行业。适种于公园、校园等城市农业空间。

品种推荐　'中燕1号''坝莜1号''白燕2号'等。

☀	喜光
💧	喜湿润
🌡	喜冷凉，生长适温为15～25℃，不耐高温
📅	3月下旬至4月初可种植
✳	自然花期为5月上旬
🏫	公园、校园等

荞麦 Buckwheat

拉丁学名 *Fagopyrum esculentum* 科属 蓼科荞麦属

形态特征 1年生草本。株高30～120cm。茎直立或半直立，中空，表面光滑或具红色条纹，分枝性强。叶互生，心形或三角形，长2～8cm，全缘，基部具鞘状托叶；叶柄细长，红色或绿色，与茎连接处膨大。伞形花序顶生或腋生，小花密集，白色或淡粉色，具蜜腺；两性花，雄蕊8枚，雌蕊3裂柱头，花期持续20～30d；自然花期：春播5月，夏播9—10月。

分布状况 原产于中国西南部、中亚地区。主产国包括俄罗斯、中国、法国、乌克兰、日本，广泛种植于温带及高海拔地区。我国主产区为内蒙古、山西、陕西、云南、四川、贵州等地，常见于山区、旱地及冷凉气候区。

生态习性 喜冷凉，发芽适温为15～25℃，生长适温为18～25℃，幼苗耐轻霜。短日照能够促进开花，但对光周期不敏感，日均需6h以上光照。耐旱性中等，花期需湿润环境（土壤湿度为60%～70%），忌积水。耐瘠薄，适应pH 5.0～7.0的沙壤土至黏壤土，忌连作。生育期短，60～100d。

应用介绍 荞麦升糖指数低，富含膳食纤维和赖氨酸，是一种健康食品，可以加工成荞麦面、荞麦茶、荞麦米。荞麦可以快速生长，从而抑制杂草，改良土壤结构，用作绿肥与覆盖作物，也是优良的蜜源植物，茎和叶还可作为饲料和生物质能源。适种于公园、校园、庭院、屋顶等城市农业空间，用于地被、观赏、科普等。

品种推荐 '晋荞麦2号''榆荞3号''中荞21'等。

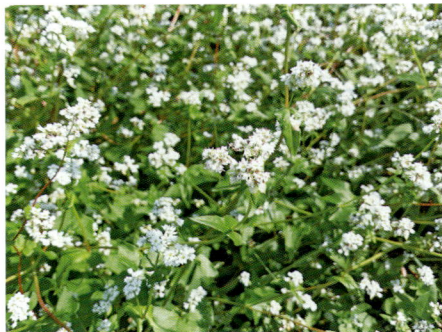

☀	喜光
💧	耐旱性中等，忌积水
🌡	喜冷凉，生长适温为18～25℃
🌱	露地3月底至5月初、7月下旬至8月上旬可播种
✿	自然花期：春播5月，夏播9—10月
🏛	公园、校园、庭院、屋顶等

谷子 Foxtail Millet

拉丁学名 *Setaria italica* var. *germanica*　　**科属**　禾本科狗尾草属

形态特征　1年生草本。株高60～150cm。茎秆直立，圆柱形，中空，表面光滑或具短毛，分蘖力强。叶呈线状披针形，长15～50cm，宽1～3cm，叶缘粗糙，叶鞘包茎。圆锥花序，紧密，圆柱形或塔形，长10～30cm，小穗密集排列，具刚毛状总苞；每小穗含1～2朵可育花，颖片革质，以自花授粉为主；露地8—9月观穗。颖果即小米，圆形或椭圆形，直径1～2mm，种皮颜色多样，千粒重2～3g。

分布状况　原产于中国黄河流域。广泛种植于非洲干旱和半干旱地区、亚洲，主产国包括中国、印度、尼日利亚、尼泊尔、俄罗斯。我国主产区为山西、河北、内蒙古、陕西、辽宁等地。

生态习性　喜温暖，耐旱，发芽适温≥8℃，生长适温为20～30℃，全生育期需≥10℃积温1 800～3 000℃。短日照植物，但对光周期反应较迟钝，适应性强。耐旱，耐贫瘠，耐轻度盐碱，以沙壤土或壤土为佳，忌涝。生育期60～120d。

应用介绍　谷子是重要的粮食作物，可制成小米粥、小米饭、小米面、小米醋、小米酒，是抗旱先锋作物、饲料作物，可用于水土保持和盐碱地改良。适种于公园、校园、庭院、屋顶、阳台等城市农业空间，用作观赏、科普、采摘等。

品种推荐　'中谷2号''晋谷21''豫谷18'等。

☀	喜光
💧	耐旱，忌涝
🌡	喜温暖，生长适温为20～30℃
▦	露地5月中下旬可播种
✿	露地8—9月观穗
🏛	公园、校园、庭院、屋顶、阳台等

藜麦 Quinoa

拉丁学名　*Chenopodium quinoa*　　**科属**　苋科藜属

形态特征　1年生草本。株高50～300cm。茎直立或半直立，分枝多，表面具纵棱，成熟后呈红色或黄色。叶互生，菱形或三角形，长3～15cm，边缘具波状齿或全缘，幼叶常被粉状蜡质。圆锥状聚伞花序顶生或腋生，小花密集，无花瓣，花被片4～5片，颜色多样；露地9月观穗。胞果呈扁圆形，直径1～2mm，外被宿存花被，内含一粒种子。种子颜色多样。

分布状况　原产于南美洲安第斯山脉（秘鲁、玻利维亚、厄瓜多尔）。主产国包括玻利维亚、秘鲁、美国、加拿大、中国、法国。我国主产区为青海、甘肃、山西、云南等地。

生态习性　喜冷凉，耐寒性强，发芽需5～7℃，生长适温为15～25℃，幼苗可耐−5℃短期霜冻。长日照促进开花，但部分品种对光周期不敏感，日均需6～8h光照。耐旱，忌涝，耐贫瘠、盐碱。生育期90～150d。

应用介绍　藜麦蛋白质含量为12%～18%，含9种必需氨基酸，无麸质，升糖指数低，被誉为超级食物，可以用于煮粥、做沙拉、烘焙、制作代餐能量棒等，也可作为饲料、用于皂苷提取等。在城市农业中适合具有一定海拔高度（海拔500m以上为宜）的公园、校园、庭院等空间种植，用作科普，红色品种可用于观赏。

品种推荐　'青藜1号''红藜1号''红藜2号'等。

☀	喜光
💧	耐旱，忌涝
🌡	喜冷凉，耐寒性强，生长适温为15～25℃
▦	北京西北部山区不宜晚于4月25日、浅山区不宜晚于5月20日播种
✿	露地9月观穗
⛪	公园、校园、庭院等

花生 Peanut

拉丁学名 *Arachis hypogaea* **科属** 豆科落花生属

形态特征 1年生草本。茎直立或匍匐,长30～80cm;茎和分枝均有棱,被黄色长柔毛,后变无毛。羽状复叶有小叶2对;托叶长2～4cm,被毛;叶柄长5～10cm,被毛,基部抱茎;小叶呈卵状长圆形或倒卵形,长2～4cm,先端钝,基部近圆形,全缘,两面被毛,侧脉约10对。花冠为黄色或金黄色,旗瓣近圆形,开展,先端凹,翼瓣呈长圆形或斜卵形,龙骨瓣呈长卵圆形,短于翼瓣,内弯,先端渐窄,呈喙状;花柱伸出萼管;自然花果期为6—8月。荚果长,膨胀,果皮厚。

分布状况 原产于南美洲的巴西。现世界各地广泛栽培。16世纪初叶或中叶时传入我国,我国各地均有种植,宜气候温暖、生长季节较长、雨量适中的沙质土地区。

生态习性 喜光,要求日照充足、土壤疏松沙性、排水良好的生长环境。生长适温为20～30℃,日均温要＞15℃,温度过低会导致生长缓慢甚至停止生长。

应用介绍 花生是重要的油料作物之一,种子含油量约45%。除食用外,亦是制皂和生发油等的原料;油麸为肥料和饲料;茎、叶为良好的绿肥,茎可供造纸。在城市农业中适合公园、校园、庭院、屋顶、阳台等空间种植,用作科普研学、采摘收获体验,也可用作地被植物。

品种推荐 '花育25''鲁花9号''鲁花18'等。

☀	喜光
💧	耐旱,不耐湿
🌡	喜温暖,生长适温为20～30℃,日均温要＞15℃
📅	露地4月下旬至6月20日可播种
❋	自然花果期为6—8月
🏛	公园、校园、庭院、屋顶、阳台等

大豆 Soybean

拉丁学名 *Glycine max* **科属** 豆科大豆属

形态特征 1年生草本。株高30 ~ 90cm。茎直立，粗壮，有的上部近缠绕状，密被褐色长硬毛。3出复叶，互生；小叶呈卵形至披针形，长5 ~ 12cm，边缘具细锯齿，叶面有短柔毛，叶柄基部具披针形托叶。总状花序腋生，花小，蝶形，白色或淡紫色；自花授粉为主，单株开花持续2 ~ 3周；自然花期为6—7月。果长3 ~ 8cm，表面密被褐色绒毛，成熟时呈黄褐色，多数品种易裂荚；每荚含2 ~ 4粒，球形或椭圆形，颜色多样，百粒重10 ~ 30g；果期为7—9月。

分布状况 原产于中国。现全球广泛种植，主要分布于温带至亚热带地区，喜平原及缓坡地，耐寒性较弱。主产国为美国、巴西、阿根廷、中国、印度等。我国主产区为东北地区及黄淮海平原等。

生态习性 生育期90 ~ 150d，分早熟、中熟、晚熟品种。短日照植物，临界日均日照时长为12 ~ 14h，北方品种对长日照适应性更强。发芽需≥10℃，生长适温为20 ~ 30℃，对于霜冻敏感。全生育期降水量为450 ~ 700mm，需水关键期为花期至鼓粒期，较耐旱。土壤pH以6.0 ~ 7.5为最佳，耐轻度盐碱，忌涝，需排水良好的壤土。

应用介绍 在我国，大豆主要用于油料加工、食品加工和饲料加工，其中国产大豆主要用于食品加工，包括豆腐、豆浆以及其他豆制品等。在城市农业中适合公园、校园、庭院、屋顶、阳台等空间种植，主要用于科普研学、采摘体验。

品种推荐 '中黄24''中黄30''冀豆17'等。

☀	喜光
💧	较耐旱，忌涝
🌡	喜温暖，生长适温为20 ~ 30℃
📅	露地5月中旬至6月30日可播种
✿	自然花期为6—7月
🏛	公园、校园、庭院、屋顶、阳台等

油菜 Rape

拉丁学名　*Brassica campestris*　　科属　十字花科芸薹属

形态特征　1年生或2年生草本。株高30～90cm。以十字花科芸薹属为主体，用来收籽榨油的，统称为油菜，分白菜型、甘蓝型、芥菜型。其中白菜型相对矮小、茎秆细弱、分枝较少，叶片全抱茎；甘蓝型相对高大，分枝粗壮，叶片半抱茎，外形似甘蓝；芥菜型分细叶芥油菜和大叶芥油菜，矮小，茎秆细弱，分枝较少，叶片不抱茎。总状花序伞房状；萼片呈长圆形，长3～5mm，直立开展；花瓣为鲜黄色，倒卵形，长7～9mm，也有紫、粉、橙、白等颜色的品种；自然花期为4—5月。

分布状况　主产国包括印度、中国、加拿大、欧盟成员国等。在我国，油菜是种植面积最大、种植区域分布最广的油料作物，其中冬油菜占主导，主产区为长江流域各省份；春油菜主产区为新疆、甘肃、青海、内蒙古等地。

生态习性　冬油菜耐寒，花期适温为15～20℃，高温（>25℃）易导致落花。油菜为长日照植物，日均光照≥6h可促进开花。冬油菜生育期180～240d，经过低温春化，于次年4月初开花；春油菜生育期80～120d，速生品种春季播后45d左右开花，花期约1个月。

应用介绍　油菜具有油用、花用、菜用、肥用、饲用、蜜用等多种用途，作为油料作物，油菜种子含油量在40%左右。在城市农业中适合公园、校园、庭院、屋顶等空间种植，用作观花植物，油蔬两用品种可用作采摘。

品种推荐　冬油菜有'陇油6号''陇油9号'等，春油菜有'武威小油菜''天祝小油菜'等。

☀	喜光
💧	较耐旱
🌡	耐寒，花期适温为15～20℃
📅	冬油菜9月15日前可播种，春油菜顶凌至4月上旬可播种
❀	自然花期为4—5月
🏛	公园、校园、庭院、屋顶等

向日葵 Sunflower

拉丁学名　*Helianthus annuus*　　科属　菊科向日葵属

形态特征　1年生草本。株高40～300cm。茎直立，粗壮，被白色粗硬毛，不分枝或有的上部分枝。叶互生，心状卵圆形或卵圆形，顶端急尖或渐尖；叶片大，表面粗糙，被短硬毛。头状花序，直径10～30cm，外轮为黄色舌状花（不育，吸引传粉者），中央为密集的管状花（两性，可育），幼嫩花盘随太阳转动；自然花期为7—9月。

分布状况　起源于北美洲。如今世界各国均有栽培，主产国包括俄罗斯、乌克兰、美国、阿根廷、中国等。我国集中在干旱和半干旱地区，主产区为内蒙古、新疆、甘肃等地。

生态习性　喜温暖，种子发芽适温≥8℃，生长适温为20～28℃。为强阳性植物，日均需6～8h直射阳光，长日照可促进营养生长，短日照可诱导开花。耐旱，耐瘠薄、盐碱，忌涝，以疏松肥沃的沙壤土为佳。生育期90～120d，分早熟、中熟、晚熟品种。

应用介绍　向日葵分油用型、食用型、观赏型。向日葵可用于食用油生产，是我国重要油料作物也用于食品加工、饲料加工、工业加工，同时用于重金属吸附、盐碱地改良等生态修复领域，还是常见的观赏植物，有不同色彩和株高的观赏品种。在城市农业中适合公园、校园、庭院、屋顶等空间种植，用于观赏、采摘、科普。

品种推荐　'LD1003''LD5009''S606'等。

☀	喜光
💧	耐旱，忌涝
🌡	喜温暖，生长适温为20～28℃
📅	油葵建议4月上旬或6月中旬至7月初播种，不考虑产量或选择观赏葵可根据目标花期推算播种日期
✿	自然花期为7—9月
🏛	公园、校园、庭院、屋顶等

芝麻 Sesame

拉丁学名　*Sesamum indicum*　　　科属　芝麻科芝麻属

形态特征　1年生直立草本。高50～150cm。茎秆直立，四棱形，分枝或不分枝，中空或具有白色髓部，微有毛。叶对生或上部互生，卵形、披针形或掌状分裂（品种差异），长5～15cm，边缘具锯齿或全缘。花序长2～3cm，单花或2～3朵簇生于叶腋；花冠呈筒状，唇形，白色或淡紫色，自下而上开放，单株花期持续20～30d，自然花期为7—8月。蒴果呈长圆筒形，具4～8棱，长2～3cm，成熟时纵裂为2～4瓣，内含50～100粒种子。

分布状况　起源于非洲。广泛种植于热带至温带地区，主产国包括印度、苏丹、缅甸、中国、埃塞俄比亚、尼日利亚等。我国主产区为河南、湖北、安徽、江西等地。

生态习性　喜温暖，种子发芽适温≥20℃，生长适温为25～30℃，不耐霜冻。强阳性植物，日均需8～10h光照，短日照可促进开花。适应性强，耐旱，忌积水，以疏松、排水良好的沙壤土为最佳，耐轻度盐碱。生育期85～120d。

应用介绍　芝麻可用于加工芝麻油，也可用于芝麻酱、糕点配料、调味料等食品加工领域。传统医学认为芝麻补肝肾、润肠道，现代医学也认为其具有抗氧化、降血压、护肝等功效。另外，芝麻还是化妆品、饲料等的工业原料，芝麻植株是重要的蜜源植物。在城市农业中适合公园、校园、庭院、屋顶等空间种植，用于采摘、科普。

品种推荐　'黑芝5号''豫芝10号''丰芝1号'等。

☀	喜光
💧	耐旱，忌积水
🌡	喜温暖，生长适温为25～30℃
🗓	露地5月中上旬可播种
✳	自然花期为7—8月
🏛	公园、校园、庭院、屋顶等

番薯 Sweet Potato

拉丁学名 *Ipomoea batatas* 　　**科属** 旋花科番薯属

形态特征 1年生草本。块根膨大成纺锤形、圆形或不规则形，表皮颜色多样。蔓生，匍匐或半直立，长1～5m，绿色或紫红色，节处易生不定根。叶互生，叶片呈心形、掌状裂或卵形，长5～15cm，叶缘全缘或呈波状，叶色深绿或紫红；叶片形状、颜色常因品种不同而异。聚伞花序腋生；花冠呈漏斗形，淡紫色或白色，直径3～5cm；热带地区易开花，北京地区全生育期观叶。

分布状况 原产于中南美洲。广泛种植于热带、亚热带、暖温带地区，主产国包括中国、尼日利亚、坦桑尼亚、印度尼西亚、美国。我国大多数地区都有栽培，北方地区以春薯为主，南方地区可多季栽培。

生态习性 喜温暖，生长适温为20～30℃，块根膨大需昼夜温差大（夜温15～20℃）。短日照可促进开花，长日照利于营养生长，需充足光照（日均6h以上）。耐旱性强，但块根膨大期需适度湿润（土壤湿度60%～70%），忌涝。喜疏松、排水良好的沙壤土，耐瘠薄，忌盐碱。生育期90～150d。

应用介绍 番薯块根可食用，富含膳食纤维、维生素A、钾，脂肪含量和升糖指数低，属于健康食品，可蒸煮、烘烤或加工成薯粉、薯干，茎和叶也可食用，有专门的叶用品种。作为工业原料，可用作淀粉加工（高淀粉型品种）和色素提取（紫薯），也可作为青贮饲料、生物燃料、覆盖作物、观赏地被植物。在城市农业中适合公园、校园、庭院、屋顶等空间种植，根据品种类型可用作采摘、科普、观赏。

品种推荐 '烟薯25''西瓜红'等。

☀	喜光
💧	耐旱，忌涝
🌡	喜温暖，生长适温为20～30℃
🏛	露地5月可定植
✳	北京地区全生育期观叶
🏛	公园、校园、庭院、屋顶等

马铃薯 Potato

拉丁学名　*Solanum tuberosum*　　　**科属**　茄科茄属

形态特征　1年生草本。株高30～100cm。地上茎直立或半直立，绿色或带紫色，具分枝；地下茎呈块状，形状多样，表皮颜色有黄、红、紫等，肉多为白色或黄色。奇数羽状复叶，小叶3～7对，卵形至披针形，叶缘全缘或呈波状，叶片表面被短柔毛。聚伞花序，花冠辐射对称，白色、粉红或淡紫色，直径2～3cm，中心为黄色雄蕊；自然花期为7—8月。

分布状况　原产于南美洲。现广泛栽培于全球温带地区，主产国包括中国、印度、俄罗斯、乌克兰、美国、德国等。我国各地均有栽培，主产区包括内蒙古、甘肃、贵州、云南、四川、黑龙江等地。

生态习性　喜冷凉，块茎形成适温为15～20℃（高于25℃会抑制生长），耐轻霜。长日照可促进地上部分生长，短日照利于块茎膨大，日均需6～8h光照。喜疏松、通气良好的沙壤土或壤土，耐旱，忌积水，pH以5.0～6.0为最佳。生育期70～150d。

应用介绍　马铃薯是世界四大粮食作物之一，除蒸煮、烤制、烹炒外，还可以加工成薯片、薯条、马铃薯淀粉、粉丝、全粉等。作为工业原料，可用于造纸、纺织、制造生物降解塑料等领域，也可以发酵制取燃料乙醇或工业酒精。其茎和叶可以作为青贮饲料，块根可以用来提取生物碱。在城市农业中适合公园、校园、庭院、屋顶等空间种植，用于采摘、科普、观赏。

品种推荐　‘京张薯3号’‘陇薯7号’等。

☀	喜光
💧	耐旱，忌积水
🌡	喜冷凉，生长适温为15～20℃
▦	露地4—5月可种植
✳	自然花期为7—8月
🏛	公园、校园、庭院、屋顶等

三、药用芳香类作物

菊花 Chrysanthemum

拉丁学名 *Chrysanthemum × morifolium*　　　**科属**　菊科菊属

形态特征　多年生宿根草本或亚灌木。地上茎直立，高30～200cm，分枝多或少，幼茎嫩绿或带紫褐色。单叶互生，有短柄，叶呈卵形至长圆形，边缘有缺刻和锯齿，大小形态因品种而异。头状花序单生或数个集生于茎枝顶端，园艺品种的头状花序形态多变，花色有黄、红、白、橙、紫、粉等；自然花期依品种不同而异，大多为8—10月。

分布状况　中国是起源中心，后传入日本、欧洲、北美洲。目前菊花作为世界性重要花卉被广为栽培，并形成了中国系、日本系、西洋系等多个杂种群。我国南北各地均有菊花的栽培传统，以河南、广东、北京、江苏、浙江、辽宁等省份的种植规模较大。

生态习性　适应性强，相对喜凉耐寒，生长适温为15～25℃，可露地越冬，花能经受微霜，但在花芽分化期需较高的气温，地下根状茎可耐－12℃的低温。喜充足阳光，稍耐阴。较耐旱，忌水涝，耐土壤贫瘠，喜土层深厚、含一定腐殖质、排水良好的沙壤土。多数品种为典型的短日照植物，夏菊类型对短日照不敏感。

应用介绍　菊花是重要的观赏及药用植物，其用途涵盖观赏、茶用、药用、食用等多种领域。在城市农业中，菊花可作为庭院植物或盆栽植物使用，也可以丛植、群植来营造景观，适合在公园、校园、庭院、屋顶、阳台等城市农业空间种植。

品种推荐　'玉台'‘杏芳'‘吉庆'‘燕华'‘燕韵'等。

☀	喜光，稍耐阴
💧	较耐旱，忌水涝，对空气湿度要求不严格
🌡	相对喜冷耐寒，生长适温为15～25℃，可露地越冬
▦	露地3—5月可种植
✿	自然花期为8—10月
🏠	公园、校园、庭院、屋顶、阳台等

玫瑰 Rose

拉丁学名 *Rosa rugosa*　　　**科属**　蔷薇科蔷薇属

形态特征　多年生丛生小灌木。株高1～2m。枝杆多针刺。奇数羽状复叶，小叶5～9片，椭圆形，有边刺。花为单生或数朵簇生；花瓣呈倒卵形，重瓣至半重瓣，花为玫红色或白色，具香味；自然花期为5—6月。果期为8—9月。

分布状况　原产于中国，其野生种在中国、朝鲜、日本等国分布较多。现在已经被引种到世界各国进行栽培。目前我国的山东、河南、山西、甘肃、浙江、云南等地有规模种植。

生态习性　喜光，每天至少需要6～8h的直射光。耐寒，在有雪覆盖地区能忍耐-40℃的低温，在无雪覆盖地区也能耐-30℃的低温，生长适温为12～25℃，可露地越冬。耐旱，怕涝，怕早春大风。对土壤要求不严，在肥沃、疏松、排水良好的轻壤土或壤土中均可种植。对空气湿度要求不甚严格，空气相对湿度不高于80%即可。

应用介绍　玫瑰是药食同源植物，其用途涵盖观赏、茶用、药用、食用、精油、日化等。可以做花境、路引、生态格挡墙等，是很好的观赏植物与庭院美化植物，但由于其多刺的特性要注意在儿童较密集场所慎用。适种于公园、庭院、屋顶等城市农业空间。

品种推荐　'苦水''丰花''大马士革'等。

☀	喜光，不耐阴
💧	耐旱，怕涝，怕早春大风
🌡	耐寒，生长适温为12～25℃，可露地越冬
🪴	早春3—4月、深秋10—11月可移栽定植
✽	自然花期为5—6月
🏛	公园、庭院、屋顶等

黄花菜 Daylily

拉丁学名　*Hemerocallis citrina*　　**科属**　阿福花科萱草属

形态特征　宿根草本。株高50～100cm。根系发达，近肉质，中下部呈纺锤状膨大。茎短缩为根盘状。叶片呈带状，较宽。花葶长100～150cm，聚伞花序，小花为橘红色至橘黄色；自然花期为6—7月。蒴果，钝三棱状椭圆形或倒卵形；果期为7—9月。

分布状况　起源于中国南部以及日本、欧洲的温带地区。我国东北、华北地区以及长江流域、珠江流域均有栽培，主要产地为湖南、河南、陕西、甘肃、山西等地。

生态习性　根系发达，耐贫瘠，适应性强，对土壤质量要求不严格。喜湿，不耐涝，因根系发达，肉质根含水较多，耐旱性较强。既喜光，又耐阴，但在阳光充足的地块生长更好。生长适温为15～30℃，可露地越冬。对环境条件的适应性很强，栽培技术也较简单，一般栽植3～4年后，可多年采摘。

应用介绍　黄花菜在东亚地区作为食品和传统药品已有数千年历史，也是我国特色蔬菜之一。黄花菜花色鲜艳，春季萌发比较早，覆盖性好，可以丛植、群植营造景观，又可作为疏林地被植物或林缘植物。在城市农业中，可作为庭院植物或盆栽植物使用，适种于公园、校园、庭院、屋顶等空间。

品种推荐　'猛子花''冲里花'等。

☀	喜光，稍耐阴
💧	喜湿，较耐旱、不耐涝
🌡	耐寒，生长适温为15～30℃，可露地越冬
📅	露地3—4月、10—11月可移栽定植
✿	自然花期为6—7月
🏛	公园、校园、庭院、屋顶等

莲 Lotus

拉丁学名 *Nelumbo nucifera*　　**科属**　莲科莲属

形态特征　多年生水生草本。根状茎横生，肥厚，中间有许多纵直的孔道，外生须状不定根。节上生叶，露出水面，叶片呈圆形，直径25～90cm，全缘或稍呈波状。花单生于花梗顶端，直径10～20cm，红色、粉红色或白色；自然花期为6—8月。果期为8—10月。

分布状况　朝鲜、日本、印度、越南、大洋洲均有分布。我国湖北、江苏、安徽等省份的种植面积最大。

生态习性　喜温暖，喜光，生长适温为18～30℃，昼夜温差大有利于莲膨大。全生育期内不能离水，适宜生长在水深100cm以内的湿地池塘。同一品种在浅水中种植时莲藕节间短，节数较多，而在深水中种植时节间伸长变粗，节数变少。对土质要求不严格，最喜土层深厚、有机质含量丰富的土壤。

应用介绍　莲是重要的药食同源水生蔬菜，藕节和莲子均可食用，富含淀粉和各类营养素，叶片可做包材，亦可做茶。莲是中国十大名花之一，观赏性佳，文化底蕴深厚，可种于池塘、湿地或花盆中。适合在公园、校园、庭院等城市农业空间种植。

品种推荐　'鄂子莲1号''白湘莲''马口白莲'等。

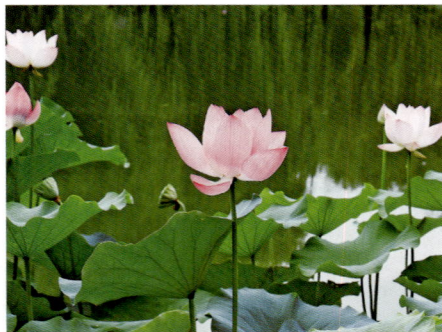

☀	喜光，不耐阴
💧	水生，全生育期内不能离水
🌡	喜温暖，生长适温为18～30℃
📅	露地4—9月可种植；室内全年可种植
✳	自然花期为6—8月
🏢	公园、校园、庭院等

桔梗 Balloonflower

拉丁学名　*Platycodon grandiflorus*　　科属　桔梗科桔梗属

形态特征　多年生宿根性草本。株高40～120cm。根粗大，肉质，圆锥形或有分叉，外皮为黄褐色。茎直立，极少植株密被短毛，不分枝或极少上部分枝。叶轮生、部分轮生至全部互生，卵圆形或披针形，近无柄，边缘有锯齿。花单朵顶生，或数朵集成假总状花序，蓝紫色或蓝白色；自然花期为7—9月。

分布状况　自然分布于朝鲜、日本、俄罗斯。在我国东北、华北、华中地区以及广东、广西、云南、贵州、四川、陕西等地均有分布。

生态习性　喜光，较耐阴。喜温暖，耐寒，生长适温为10～25℃，能忍受-20℃低温，可露地越冬。耐旱，忌水涝，多生长在沙石质的向阳山坡、草地、稀疏灌丛、林缘。喜土层深厚、疏松肥沃、排水良好的沙质壤土。

应用介绍　桔梗是药食同源植物，具有宣肺化痰，止咳定喘、消肿排脓的作用。其根可制泡菜，桔梗还可用来加工桔梗饮料、桔梗茶等产品，产业链较完备。桔梗花色亮丽，适应性较强，适宜种植于林缘、郊野公园等地来营造景观，低矮类型品种也可盆栽。在城市农业中适种于公园、校园、庭院、屋顶、阳台等空间。

品种推荐　'中梗1号''鲁梗1号''吉梗1号'等。

☀	喜光，较耐阴
💧	耐旱，忌水涝
🌡	喜温暖，耐寒，生长适温为10～25℃，可露地越冬
📅	露地3—4月可种植；室内全年可种植
❀	自然花期为7—9月
🏠	公园、校园、庭院、屋顶、阳台等

蒲公英 Dandelion

拉丁学名　*Taraxacum* spp.　　　　**科属**　菊科蒲公英属

形态特征　多年生宿根性草本。株高 10～25cm，全株有白色乳汁。根肉质，粗壮。茎短缩。叶基生，呈莲座状，倒披针形或长圆状披针形，边缘有的具波状齿或羽状深裂。头状花序单生于花葶顶端，总苞为淡绿色，花序全部由两性舌状花组成，花冠为黄色；自然花期为 4—9 月。果期为 5—10 月。

分布状况　自然分布于朝鲜、蒙古、俄罗斯、中国。我国辽宁、吉林、黑龙江、河北、浙江、内蒙古等省份有大面积人工栽培。

生态习性　喜光，较耐阴。抗逆性强，耐寒又耐热，8～30℃均可正常生长，可露地越冬。耐旱，忌水涝。可在各种类型的土壤条件下生长，但最适合在肥沃、疏松、土壤有机质含量高的地区栽培。

应用介绍　蒲公英具有较高的药用价值，同时嫩叶可凉拌食用，也可炒制成茶。在保健功效方面，蒲公英具有抗氧化、预防肿瘤、降血糖、降血脂等功效。同时其株型低矮，抗性极强，是优良的乡土地被植物，具有较高的观赏价值，适宜种植于林缘、郊野公园等地来营造景观，也可盆栽。在城市农业中适种于公园、校园、庭院、屋顶、阳台等空间。

品种推荐　'药用蒲公英''大花蒲公英''千本蒲公英'等。

☀	喜光，较耐阴
💧	耐旱，忌水涝
🌡	耐寒又耐热，生长适温为 8～30℃，可露地越冬
▦	露地 3—11 月可种植；室内全年可种植
✿	自然花期为 4—9 月
🏛	公园、校园、庭院、屋顶、阳台等

藿香 Agastache

拉丁学名　*Agastache rugosa*　　科属　唇形科藿香属

形态特征　多年生草本。茎直立，高0.5～1.5m，四棱形。叶呈心状卵形至长圆状披针形，下面被微柔毛及腺点。穗状花序，在主茎或侧枝上组成顶生密集的圆筒形，花序长0.5～12cm；花冠为淡紫蓝色，被微柔毛；自然花期为6—9月。果期为9—11月。

分布状况　自然分布于俄罗斯、朝鲜、日本、北美洲。我国各地广泛分布，河北、浙江、河南等省份有大面积人工栽培。

生态习性　喜光，稍耐阴。抗逆性强，喜温暖，怕霜冻，生长适温为15～30℃，可露地越冬。喜湿，忌水涝。对土壤要求不严，但以排水良好的沙质壤土为最佳。

应用介绍　藿香是药食两用作物之一，其嫩叶可以鲜食，具有解表散邪、利湿除风、清热止渴的功效。藿香绿叶期长，花朵形态特异，适宜种植于林缘、路边等地来营造景观，也可盆栽摆放，在城市农业中适种于公园、校园、庭院、屋顶、阳台等空间。

品种推荐　'金叶藿香''蓝运藿香''夏日覆盆子藿香'等。

☀	喜光，稍耐阴
💧	喜湿，忌水涝
🌡	喜温暖，生长适温为15～30℃，可露地越冬
🏛	露地4—9月可种植；室内全年可种植
✳	自然花期为6—9月
🏠	公园、校园、庭院、屋顶、阳台等

紫苏 Perilla

拉丁学名 *Perilla frutescens* **科属** 唇形科紫苏属

形态特征 1年生草本。茎高1.5 ～ 2m，茎直立，钝四棱形，具4槽，密被长柔毛。叶对生，卵形或卵圆形，边缘具齿，顶端锐尖，叶色为两面全绿或全紫，或正面绿色背面紫色。轮伞花序组成顶生及腋生的假总状花序，花常为白色、粉红至紫红；自然花期为8—9月。果期为9—10月。

分布状况 原产于亚洲东部、印度、中南半岛、印度尼西亚等地。我国的西北、华北、华中、华南、西南地区以及台湾均有野生种和栽培种。

生态习性 喜光，稍耐阴。喜温暖，较耐寒，生长适温为12 ～ 28℃；喜湿，耐涝性较强，不耐旱。对土壤的适应性较强，但低洼易涝的盐碱地不宜栽培。

应用介绍 紫苏全株可入药，籽和叶均可食用，紫苏籽还可以用来榨油。紫苏生长旺盛，可群植、丛植于林缘、路边等地来营造景观，也可作为大型盆栽。在城市农业中适种于公园、校园、庭院、屋顶、阳台等空间。

品种推荐 '白苏''两色苏''回回苏'等。

☀	喜光，稍耐阴
💧	喜湿，较耐涝，不耐旱
🌡	喜温暖，较耐寒，生长适温为12 ～ 28℃
▦	露地4—9月可种植；室内全年可种植
✳	自然花期为8—9月
🏛	公园、校园、庭院、屋顶、阳台等

丹参 Danshen

拉丁学名 *Salvia miltiorrhiza*   **科属** 唇形科鼠尾草属

形态特征 多年生草本。株高80cm。主根肉质，深红色。茎多分枝，密被长柔毛。奇数羽状复叶；小叶3～7片，卵形、椭圆状卵形或宽披针形，长1.5～8cm，先端尖或渐尖，两面被柔毛；叶柄长1.3～7.5cm，密被倒向长柔毛。轮伞花序具6朵至多朵花，组成长4.5～17.0cm的总状花序，密被长柔毛或腺长柔毛，苞片呈披针形；花梗长3～4mm；花萼呈钟形，带紫色，疏被长柔毛及腺长柔毛；花冠为紫蓝色；自然花期为4—8月。小坚果呈椭圆形，长约3.2mm；果期为9—11月。

分布状况 原产于河北、山西、陕西、山东、河南、江苏、浙江、安徽、江西、湖南。生于山坡、林下草丛或溪谷旁，海拔120～1 300m。日本也有分布。

生态习性 我国南北方均可栽种，喜温暖，生长适温为20～26℃，春季地温在10℃时开始返青，当秋季气温低于10℃时，地上部分开始枯萎。耐寒，在北方地区能够露地越冬。较耐旱，不耐水涝，低洼积水易引起烂根。深根植物，要求土层深厚、土质疏松。

应用介绍 丹参根部可入药，具有活血祛瘀、调经止痛、除烦安神的功效。丹参花期较长、花大色艳、气味芳香，观赏价值高。可以林下栽培也可作为盆栽植物，在城市农业中适种于公园、校园、庭院、屋顶、阳台等空间。

品种推荐 无。

☀	较耐阴
💧	较耐旱，不耐水涝
🌡	喜温暖，耐寒，生长适温为20～26℃，可露地越冬
📅	露地3—4月、10—11月可移栽定植
✿	自然花期为4—8月
🏛	公园、校园、庭院、屋顶、阳台等

玉竹 Drug Solomonseal

拉丁学名 *Polygonatum odoratum* 科属 天门冬科黄精属

形态特征 多年生草本。根状茎呈圆柱形；茎高20 ~ 50 cm。叶互生，椭圆形，先端尖。花序具1 ~ 4朵花，总花梗长1 ~ 1.5cm，无苞片或有条状披针形苞片，花被黄绿色至白色；自然花期为5—6月。果期为7—9月。

分布状况 广泛分布于亚欧大陆的温带地区。我国分布较广，主要分布于东北、华北、华东地区以及陕西、甘肃、青海、河南、湖北、湖南、广东等地。

生态习性 较耐阴，忌强光直射。喜冷凉，生命力较强，生长适温为10 ~ 25℃，可露地越冬。野生株多生长于山野阴湿处、林下、落叶丛中，较耐旱，不耐涝。黄壤或沙质壤土上为佳。

应用介绍 玉竹为药食同源植物，根状茎可以入药也可以作为保健食材使用，对身体有一定保健功效。玉竹株型独特秀美，花朵形似串串风铃悬挂于叶腋间，具有极好的观赏效果。玉竹较耐阴，可作为观赏植物种植于林下或建筑物阴下，也可以盆栽观赏。在城市农业中适种于公园、校园、庭院等空间。

品种推荐 ‘北京玉竹’‘斑叶玉竹’等。

☀	较耐阴，忌强光直射
💧	较耐旱，不耐涝
🌡	喜冷凉，生长适温为10 ~ 25℃，可露地越冬
📅	露地3—4月、10—11月可移栽定植
✿	自然花期为5—6月
🏫	公园、校园、庭院等

忍冬 Honeysuckle

拉丁学名　*Lonicera japonica*　　**科属**　忍冬科忍冬属

形态特征　多年生藤本。小枝通常密被短毛，中空，藤为褐色至赤褐色，幼枝为红褐色。叶对生，叶片呈卵圆形或椭圆形。花簇生于叶腋或枝的顶端，有清香，花冠呈唇形；初开时花为白色，后变为金黄色；自然花期为5—7月。果期为9—10月。

分布状况　忍冬原产于中国、日本、朝鲜等地。我国除黑龙江、内蒙古、宁夏、青海、新疆、海南、西藏无自然生长外，其他各省份均有分布，河北、河南、山东、湖北有规模种植。

生态习性　喜光，稍耐阴。喜温暖，较耐寒，一般气温在5℃以上即可发芽，生长适温为18～30℃，可露地越冬。耐旱，耐涝，适宜种植在肥沃疏松、透气、排水良好的土壤中。

应用介绍　忍冬是我国重要的大宗药材之一，具有抗菌消炎、清热解毒的功效，也可以作为保健食品原料，用来加工保健茶等产品。忍冬属于藤本类攀援植物，枝条具有较强的攀爬能力，适合种植在林下、林缘、建筑物旁等地来营造廊架景观。在城市农业中适种于公园、校园、庭院、屋顶、阳台等空间。

品种推荐　'九丰1号''北花1号''金花3号'等。

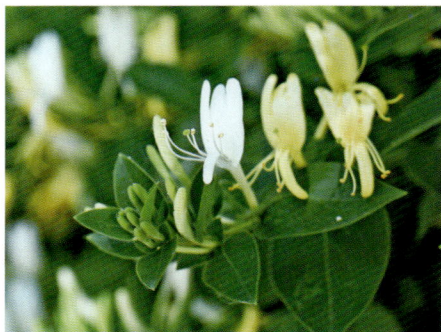

☀	喜光，稍耐阴
💧	耐旱，耐涝
🌡	喜温暖，较耐寒，生长适温为18～30℃，可露地越冬
📅	露地3—4月、10—11月可移栽定植
✿	自然花期为5—7月
🏛	公园、校园、庭院、屋顶、阳台等

菘蓝 Dyer's Woad

拉丁学名 *Isatis tinctoria* **科属** 十字花科菘蓝属

形态特征 2年生草本。株高60～100cm。茎直立，多分枝。基生叶呈莲座状，椭圆形或倒披针形；中部叶互生，椭圆形或披针形，稀呈线状椭圆形。总状花序顶生，小花为黄色；自然花期为5月。长角果，扁平有翅；果期为6—7月。

分布状况 原产于中国。目前我国的主产区包括安徽、甘肃、山西、河北、陕西、内蒙古、江苏、黑龙江等地。

生态习性 喜光，稍耐阴。喜冷凉，较耐寒，生长适温为15～25℃，可露地越冬。耐旱，不耐涝，怕积水。宜种植于土层深厚、疏松肥沃、排水良好的沙质土壤中。

应用介绍 菘蓝根部（板蓝根）是我国常用的大宗药材之一，具有清热、解毒、凉血等作用，叶片（大青叶）可入药，新鲜时也可食用。菘蓝花色亮丽，花期长，整齐度高，在北京地区可持续开花20d左右。在城市农业中适种于公园、校园、庭院等空间。

品种推荐 毛果菘蓝''小叶菘蓝'等。

☀	喜光，稍耐阴
💧	耐旱，不耐涝，怕积水
🌡	喜冷凉，较耐寒，生长适温为15～25℃，可露地越冬
📅	露地4—5月、8月下旬可播种
❀	自然花期为5月
🏫	公园、校园、庭院等

蕺菜 | Houttuynia

拉丁学名　*Houttuynia cordata*　　**科属**　三白草科蕺菜属

形态特征　多年生草本。株高15～40cm，全株有鱼腥味。地下茎匍匐生长，白色；地上茎上部直立，常呈紫红色，下部匍匐，节上轮生小根。叶互生，纸质，有腺点，背面尤甚，卵形或阔卵形；基部心形，全缘，背面常呈紫红色。穗状花序生于茎上端与叶对生，花小而密；自然花期为5—8月。

分布状况　产于我国中部、东南至西南部各省份，人工栽培以四川、湖南、湖北、贵州等地为多。

生态习性　耐阴，喜温暖，不耐霜，生长适温为16～25℃。喜湿，不耐旱，整个生长期都要求有充足的水分。对土壤要求不严格，但以富含有机质的土壤为佳。

应用介绍　蕺菜具有开胃健食、养生保健的作用，根状茎和叶片皆可食用。蕺菜株型低矮，适合作为地被植物片植于湿地以护坡，也可盆栽摆放在阳台或庭院。在城市农业中适种于公园、校园、庭院、阳台等空间。

品种推荐　'变色龙鱼腥草''花叶蕺菜'等。

☀	耐阴
💧	喜湿，不耐旱
🌡	喜温暖，不耐霜，生长适温为16～25℃
📅	露地4—5月可定植
✳	自然花期为5—8月
🏫	公园、校园、庭院、阳台等

百合 Lily

拉丁学名 *Lilium* spp. **科属** 百合科百合属

形态特征 多年生宿根草本。株高70～120cm，具地下鳞茎。地上部茎直立，圆柱形，有的品种（如卷丹）在地上茎的叶腋处具有珠芽。叶互生，无柄，披针形至椭圆状披针形，全缘；叶脉呈弧形。花大，漏斗形，单生于茎顶，花色有白、粉、橙、红等；自然花期为6—7月。果期为7—10月。

分布状况 原产于中国。主要分布在亚洲东部、欧洲、北美洲等北半球温带地区。在我国，人工栽培可食用百合的主要产区为甘肃、湖南、湖北、江苏等地，并形成不同栽培种群。

生态习性 喜冷凉、湿润，稍耐阴，生长适温为15～25℃，可露地越冬。较耐旱，不耐涝。喜肥沃、腐殖质丰富、排水良好、结构疏松的沙质壤土，稍偏酸性土为佳。

应用介绍 百合的鳞茎可入药，具有补益心肺、调理脾胃、益气调中等功效，同时百合也是药食同源蔬菜，鳞茎片鲜食、干用均可，可以做汤、熬粥等，是较好的养生食品。百合花朵硕大、花色艳丽，可群植或片植于道路或林缘来营造景观，也可盆栽。在城市农业中适种于公园、校园、庭院、阳台等空间。

品种推荐 ‘兰州百合’‘龙牙百合’‘岷江百合’等。

☀	喜光，稍耐阴
💧	喜湿润，较耐旱，不耐涝
🌡	喜冷凉，生长适温为15～25℃，可露地越冬
▦	露地4月上旬、9月下旬可定植
✿	自然花期为6—7月
⌂	公园、校园、庭院、阳台等

射干 Blackberry Lily

拉丁学名 *Belamcanda chinensis* **科属** 鸢尾科射干属

形态特征 多年生草本。根状茎呈不规则的块状。地上部茎高1～1.5m，实心。叶互生，嵌迭状排列，剑形，基部鞘状抱茎，顶端渐尖，无中脉。花序顶生，每个分枝的顶端聚生有数朵花，花为橙红色，散生紫褐色斑点；自然花期为6—8月。果期为7—9月。

分布状况 原产于中国的东北、华北、华东、西南等地，也分布于朝鲜、日本、印度、越南、俄罗斯等国。我国河北、河南、辽宁等省份种植规模较大。

生态习性 喜光，稍耐阴。适应性强，喜温暖，耐寒性也较强，生长适温为15～30℃，可露地越冬。较耐旱，不耐涝。对土壤要求不严格，但以排水良好的沙质壤土为最佳。

应用介绍 射干的根状茎药用，能清热解毒、散结消炎、消肿止痛，用于治疗扁桃体炎及腰痛等症。射干花姿优雅、花色艳丽，可群植或片植于道路或林缘来营造景观，也可盆栽。在城市农业中适种于公园、校园、庭院等空间。

品种推荐 '橙花射干''黄花射干'等。

☀	喜光，稍耐阴
💧	较耐旱，不耐涝
🌡	喜温暖，较耐寒，生长适温为15～30℃，可露地越冬
▦	露地4月、9月可定植，4—8月可播种
✲	自然花期为6—8月
🏛	公园、校园、庭院等

马蔺 Iris Ensata

拉丁学名 *Iris lactea*　　**科属**　鸢尾科鸢尾属

形态特征　多年生密丛草本。根状茎粗壮，包有红紫色老叶残留纤维，斜伸。叶基生，灰绿色，质坚韧，线形，无明显中脉，长约50cm，宽4～6cm。花茎高3～10cm；苞片3～5片，草质，绿色，边缘膜质，白色，包2～4朵花；花为浅蓝色、蓝色或蓝紫色，花被上有颜色较深的条纹；自然花期为6—8月。

分布状况　原产于中国的黑龙江、吉林、辽宁、内蒙古、河北、山西、山东、河南、安徽、江苏、浙江、湖北、湖南、陕西、甘肃、宁夏、青海、新疆、四川、西藏。我国河北、河南、辽宁等省份种植规模较大。

生态习性　喜光，稍耐阴。适应性强，喜温暖，耐寒性也较强，生长适温为15～30℃，可露地越冬。较耐旱，不耐涝。对土壤要求不严格，但以排水良好的沙质壤土为最佳。

应用介绍　马蔺具有清热解毒、利尿通淋、活血消肿的功效。马蔺叶片可以作为粽子的包材或用来制作草编工艺品。马蔺花色艳丽，花期较早，可群植或片植于道路或林缘来营造景观，也可盆栽。在城市农业中适种于公园、校园、庭院等空间。

品种推荐　'紫花马蔺''黄花马蔺''白花马蔺'等。

☀	喜光，稍耐阴
💧	较耐旱，不耐涝
🌡	喜温暖，较耐寒，生长适温为15～30℃，可露地越冬
📅	露地4月、9月可定植，4—8月可播种
❀	自然花期为6—8月
🏛	公园、校园、庭院等

鼠尾草 Sage

拉丁学名　*Salvia* spp.　　科属　唇形科鼠尾草属

形态特征　多年生宿根植物或小型灌木。株高30～80cm。根木质。茎基部木质，嫩茎呈四棱形。叶对生，长椭圆形或卵圆形，依种类不同，叶面光滑或粗糙，叶全缘或具齿。唇形小花由轮伞花序组成总状花序，花色依品种不同有白色、粉色、红色、蓝色、紫色等；自然花期为4—6月。

分布状况　原产于地中海沿岸地区。现主要栽培国有意大利、法国、德国、瑞士、俄罗斯等。我国于20世纪50年代引种，目前陕西、河北、浙江、江苏、江西等省份均有栽培。

生态习性　喜日照充足和通风良好的环境，稍耐阴。喜温暖且较干燥的气候，多数品种在北京地区不可露地越冬，生长适温为18～30℃。有较强的耐旱性，忌涝。对土壤要求不严格，一般土壤均可生长，偏爱排水良好的微碱性石灰质沙壤土。

应用介绍　鼠尾草叶片具有杀菌灭菌、抗毒解毒、驱瘟除疫的功效，可食用；茎、叶、花可泡茶饮用，精油及其衍生物用于日用香精中。鼠尾草还可制成香包、香皂。在城市农业中，可用作庭院植物或盆栽植物，群植效果甚佳，也是可食地景植物，适种于公园、校园、庭院、屋顶、阳台等空间。

品种推荐　'芳香鼠尾草''巴格旦鼠尾草''金斑鼠尾草'等。

☀	喜光，稍耐阴
💧	耐旱，忌涝
🌡	喜温暖，生长适温为18～30℃，多数品种在北京地区不可露地越冬
📅	露地3—9月可种植；室内全年可种植
✳	自然花期为4—6月
🏛	公园、校园、庭院、屋顶、阳台等

牛至 Oregano

拉丁学名　*Origanum* spp.　　科属　唇形科牛至属

形态特征　多年生小灌木。株高20～60cm。茎较柔软，四棱形。叶对生，多为卵圆形或长卵圆形，全缘，叶色浅绿至深绿。穗状花序由很多小花密集组成，有覆瓦状排列的小苞片，唇形花冠，冠筒稍伸出花萼，花色依品种不同有白色、粉红色等；自然花期为7—9月。

分布状况　原产于地中海沿岸等地。世界主要栽培地区有法国、美国、意大利等地。我国是牛至属植物的原产地之一，20世纪时又引进了部分欧洲品种，目前广东、山东、上海、云南等地有一定规模的种植。

生态习性　喜夏季凉爽、冬季温暖的气候，要求日照充足、通风良好，稍耐阴，生长适温为18～25℃，可露地越冬。适宜生长在排水良好的中性至弱碱性土壤中，较耐瘠薄。耐旱，较耐湿，在高温多雨的季节仍能旺盛生长，对环境适应力较强。

应用介绍　牛至是著名的食用香草，常用于披萨饼、意大利肉酱面等西餐餐品。新鲜或干制的牛至叶可用作香草茶饮用，也可以用来提取精油。在城市农业中，牛至可用作地被植物、庭院植物或盆栽植物，也是组成可食地景的优秀植物，适种于公园、校园、庭院、屋顶、阳台等空间。

品种推荐　'大叶牛至''密叶牛至''金叶牛至''甜牛至'等。

☀	喜光，稍耐阴
💧	耐旱，较耐湿
🌡	喜温暖，生长适温为18～25℃，可露地越冬
📅	露地3—9月可种植；室内全年可种植
✿	自然花期为7—9月
🏫	公园、校园、庭院、屋顶、阳台等

百里香 Thyme

拉丁学名　*Thymus* spp.　　**科属**　唇形科百里香属

形态特征　多年生小灌木。株高20～40cm。全株具芳香气味。下部茎木质化丛生，常呈匍匐状，嫩茎直立。叶对生，细小，依品种不同有三角形、长椭圆形或披针形，叶色依品种不同有灰绿色、嫩绿色等。轮伞状花序顶生，唇形花冠，花色有白色、粉红色等；自然花期为5—7月。

分布状况　主要产地为南欧、非洲北部、亚洲温带地区。我国是部分原生种的原产地之一，20世纪中期引进了大量外来品种，目前上海、广东、山东、浙江、江苏、江西等省份均有栽培。

生态习性　喜光，稍耐阴。喜温暖，较耐寒，生长适温为10～25℃，在北京地区可露地越冬。较耐旱，忌涝，不择土壤，喜排水良好的沙质壤土。

应用介绍　百里香整株具有芳香的气味，是著名的香料作物，在烹调海鲜、肉类等食品时，作为调味料可去腥增鲜。部分品种可用来提取精油，制作香水、香皂、漱口水等日化用品。大部分百里香品种株型小巧精致，适合作为地被植物或盆栽植物，在城市农业中适种于公园、校园、庭院、屋顶、阳台等空间。

品种推荐　'阔叶百里香''柠檬百里香''金边百里香'等。

☀	喜光，稍耐阴
💧	较耐旱，忌涝
🌡	喜温暖，较耐寒，生长适温为10～25℃，在北京地区可露地越冬
📅	露地3—10月可种植；室内全年可种植
❀	自然花期为5—7月
🏛	公园、校园、庭院、屋顶、阳台等

薄荷 | Mint

拉丁学名　*Mentha* spp.　　**科属**　唇形科薄荷属

形态特征　多年生宿根草本。茎直立或匍匐，多具匍匐根状茎，地上茎呈四棱形，多分枝。叶对生，叶片呈长圆状披针形、披针形、椭圆形或卵状披针形，多数种类边缘具齿。多为轮伞花序生于叶腋处，或密集组成顶生的穗状花序，唇形花冠，花色依种类不同有白色、淡紫色、粉红色等；自然花期为8—10月。

分布状况　广泛分布于北半球亚热带和温带地区。现主要产地为美国、西班牙、意大利、法国、英国、巴尔干半岛等。我国的河北、江苏、浙江、安徽、四川等省份有规模性栽培。

生态习性　喜阳光充足，较耐阴，生长适温为12～30℃，部分品种耐寒性较强，能耐−10℃低温，可露地越冬。喜湿，不耐旱。对土壤要求不严格，土层深厚、富含有机质、排水良好的偏酸性土壤为佳。

应用介绍　薄荷种类繁多，多数种类可以食用，如拌沙拉、做甜点以及煎炸烧烤等，也可以茶用或用来调制鸡尾酒等。可用来萃取精油，在工业中常用作食品调味剂，也是牙膏、漱口水、香皂、香水等日化用品重要的添加剂。薄荷长势旺盛，可作为地被植物或盆栽植物，在城市农业中适种于公园、校园、庭院、屋顶、阳台等空间。

品种推荐　'留兰香薄荷''辣薄荷''薰衣草薄荷'等。

☀	喜光，较耐阴
💧	喜湿，不耐旱
🌡	较耐寒，生长适温为12～30℃，可露地越冬
📅	露地3—10月可种植；室内全年可种植
✿	自然花期为8—10月
🏛	公园、校园、庭院、屋顶、阳台等

迷迭香 Rosemary

拉丁学名　*Rosmarinus* spp.　　　**科属**　唇形科迷迭香属

形态特征　多年生常绿灌木。株高60～180cm。茎4棱，枝条木质化迅速，大部分品种为直立丛生，部分品种为半匍匐状。叶对生，无柄，叶正面多为深绿色，背面为灰白色或浅绿色，叶形一般为长椭圆状或披针状，具腺毛。唇形花着生于枝条顶端，依品种不同，花色有蓝、白、淡紫等；自然花期为11月至次年3月。

分布状况　原产于地中海沿岸地区。广泛种植于英国、法国、意大利、南非、澳大利亚。我国引进了很多品种，在云南、广东、浙江、江苏、山东等省份有一定规模种植。

生态习性　典型的地中海类型香草，喜阳光直射，不耐阴。喜温暖，生长适温为15～30℃。较耐旱，忌涝。对土壤要求不严格，喜弱碱性土壤，耐土壤贫瘠。

应用介绍　迷迭香作为西餐中最重要的调味香料之一，广泛应用于各类菜品中，尤其是烤肉类菜品。可用来提取精油，用于芳香疗法和日化工业中。可露地群植、丛植来营造可食地景景观，也可盆栽。在城市农业中适种于公园、校园、庭院、屋顶、阳台等空间。

品种推荐　'直立迷迭香''匍匐迷迭香''雷克斯迷迭香'等。

☀	喜光，不耐阴
💧	较耐旱，忌涝
🌡	喜温暖，生长适温为15～30℃
▦	露地4—9月可种植；室内全年可种植
✿	自然花期为11月至次年3月
⌂	公园、校园、庭院、屋顶、阳台等

罗勒 Basil

拉丁学名　*Ocimum* spp.　　**科属**　唇形科罗勒属

形态特征　1年生草本。株高40～100cm，全株具芳香。茎直立，四棱形。叶对生，卵圆形至长卵圆形，叶片肥厚，全缘或具齿，叶背面腺点丰富。轮伞状小花排列形成顶生具长梗的穗状花序，轮次分明，唇形花冠，喉部常膨大呈钟形，花色依品种不同，有白色、淡粉色、淡紫色等；自然花期为7—10月。

分布状况　原产于热带地区、非洲。主要栽培国有意大利、法国、印度、泰国、马来西亚等。我国福建、云南、河南、湖南、江苏、浙江、广东等省份有一定规模种植。

生态习性　喜光，不耐阴。喜温暖，耐热不耐寒，生长适温为20～30℃，日平均气温25～30℃时生长最快，日平均气温8～10℃时停止生长，遇0℃左右低温或霜冻，则植株枯萎；喜湿，不耐旱，喜排水良好的土壤，较喜肥。

应用介绍　罗勒具有特殊香味，是西餐和东南亚料理中重要的香料，亦可泡茶饮用。部分品种也可提取精油用于芳香疗法。罗勒株型丰满挺拔，可群植、丛植来营造可食地景景观，也可盆栽。在城市农业中适种于公园、校园、庭院、屋顶、阳台等空间。

品种推荐　'甜罗勒''柠檬罗勒''肉桂罗勒'等。

☀	喜光，不耐阴
💧	喜湿，不耐旱
🌡	喜温暖，耐热，不耐寒，生长适温为20～30℃
📅	露地4—9月可种植；室内全年可种植
✿	自然花期为7—10月
🏛	公园、校园、庭院、屋顶、阳台等

薰衣草 Lavender

拉丁学名 *Lavandula* spp.　　**科属** 唇形科薰衣草属

形态特征 多年生灌木。株高30～100cm，全株具芳香气味。茎直立，四棱形，会木质化。叶对生，有长椭圆状、全缘披针状、齿线状等叶形，呈银灰色、灰绿色或深绿色。多具较长花葶，穗状花序着生于枝顶，唇形小花呈轮状排列，依品种不同，花色有蓝色、蓝紫色、深紫色、粉红色、白色等；自然花期为6—9月。

分布状况 大多原产于地中海沿岸地区。现已广泛种植于法国、意大利、斯洛文尼亚、保加利亚、英国、澳大利亚、新西兰、日本等国。我国新疆、浙江、北京、上海、广东、云南、河北等省份有引种栽培，以新疆伊犁河谷地区种植规模为最大。

生态习性 喜光，不耐阴。喜温暖，较耐寒，生长适温为10～30℃。耐旱，忌涝。不择土壤，在排水良好的沙质壤土中生长良好，喜轻石灰质的土壤。

应用介绍 薰衣草可以用来提取精油，而精油可用于芳香疗法、调制香水、制作日化用品；花蕾可做成香包、香囊来熏香衣物。薰衣草可群植、丛植来营造景观，也可盆栽。在城市农业中适种于公园、校园、庭院、屋顶、阳台等空间。

品种推荐 '狭叶薰衣草''甜叶薰衣草''齿叶薰衣草'等。

☀	喜光，不耐阴
💧	耐旱，忌涝
🌡	喜温暖，较耐寒，生长适温为10～30℃
📅	露地4—5月可定植；室内全年可种植
✿	自然花期为6—9月
🏫	公园、校园、庭院、屋顶、阳台等

芦荟 Aloe

拉丁学名 *Aloe vera*　　**科属**　阿福花科芦荟属

形态特征　多年生肉质草本。茎较短。叶近簇生，肥厚多汁，条状披针形，粉绿色，长15～35cm，基部宽4～5cm，顶端具小齿，边缘疏生刺状小齿。花葶高60～90cm，不分枝或有的稍分枝。总状花序具几十朵花，苞片近披针形；花点垂，稀疏排列，黄色或橙色，常有红斑；自然花期为2—3月。

分布状况　原产于非洲热带干旱地区。受人类活动影响，部分原生种野生种群已经扩散至印度、马来西亚、中国云南元江地区等地。目前我国福建、广东、广西、四川、云南等地均有规模栽培。

生态习性　喜光，耐半阴，忌过度荫蔽。喜温暖，不耐寒，生长适温为20～30℃，低于0℃，就会冻伤或死亡。较耐旱，忌积水。对土壤要求不严格，喜透水、透气、有机质含量高的沙质土壤。

应用介绍　芦荟是最古老的天然药物之一，已有6 000多年的使用历史。芦荟也是很好的观赏材料，在城市农业中，可作为庭院植物或盆栽植物，适种于公园、校园、庭院、屋顶、阳台等空间。

品种推荐　'中华芦荟''库拉索芦荟''木立芦荟'等。

☀	喜光，耐半阴，忌过度荫蔽
💧	较耐旱，忌积水
🌡	喜温暖，不耐寒，生长适温为20～30℃
📅	露地5月可移栽，入冬前需存入室内
✳	自然花期为2—3月
🏛	公园、校园、庭院、屋顶、阳台等

草莓 Strawberry

拉丁学名 *Fragaria × ananassa*　　　**科属** 蔷薇科草莓属

形态特征 多年生草本。株高10～40cm。根系主要由不定根组成,90%分布于0～20cm的土层里。茎为短缩茎。叶为3出羽状复叶,叶缘有锯齿。花为白色,少数为黄色,5～8瓣,花序为聚伞花序。果实颜色有深红、红色、橙红、白色;设施内花果期为11月至次年5月。

分布状况 目前主要栽培种草莓起源于法国,20世纪初期传入我国。主要分布于中国、美国、墨西哥、西班牙、土耳其等国。我国山东、辽宁、安徽、江苏、湖北、河北、河南、四川、浙江等地都有大面积种植。

生态习性 喜光,稍耐阴,喜温暖,生长适温为20～26℃,较耐寒,部分品种可露地越冬。在疏松、肥沃、透水、通气良好的偏酸性沙壤土中生长良好。忌涝,土壤水分过多或积水会影响草莓正常生长。

应用介绍 草莓营养丰富,含有丰富的维生素C,容易被人体消化和吸收,具有较高的营养和医疗保健价值。草莓株型精致,花、果均具有较高观赏性,全株具芳香,是优良的观食两用作物资源。在城市农业中,可作为庭院植物或盆栽植物,适种于公园、校园、庭院、屋顶、阳台等空间。

品种推荐 '红颜''章姬''圣诞红'等。

☀	喜光,稍耐阴
💧	忌涝
🌡	较耐寒,生长适温为20～26℃
▦	露地4月可定植,部分品种可露地越冬
✹	设施内花果期为11月至次年5月
🏛	公园、校园、庭院、屋顶、阳台等

柠檬 Lemon

拉丁学名 *Citrus × limon*　　　**科属** 芸香科柑橘属

形态特征 多年生木本。小乔木，树冠呈圆头形，树姿较开张。枝具针刺。嫩叶、花芽呈暗紫红色；叶片呈长椭圆形，厚纸质，边缘有明显钝裂齿。花单生或少量簇生，花蕾呈淡紫红色，内侧呈白色；自然花期为4—5月。果实呈椭圆形或倒卵形，有乳状突起，果皮呈黄色；果期为9—11月。

分布状况 原产于东南亚地区。美国、意大利、法国、东南亚、美洲等地均有种植。我国四川、云南、重庆、广东、广西、浙江等省份有规模种植。

生态习性 亚热带植物，喜光，不耐阴，喜温暖湿润，忌涝，适宜在气候温暖、土层深厚、排水良好的缓坡地进行种植。不耐寒，生长适温为25～32℃，极端最低温需＞−3℃，可保护地越冬。对土壤要求不严格，pH以5.5～7.0为宜。喜湿润，忌涝，空气相对湿度以65%～75%为宜。

应用介绍 柠檬酸味突出，可用来调制饮料和菜肴。柠檬富含维生素C，有化痰止咳、生津健胃的功效。柠檬四季开花结果，花果期长，香气四溢，适合盆栽，在城市农业中适种于公园、校园、庭院、屋顶、阳台等空间。

品种推荐 '香水柠檬''尤里克''里斯本'等。

☀	喜光，不耐阴
💧	喜湿润，忌涝
🌡	喜温暖，不耐寒，生长适温为25～32℃，可保护地越冬
📅	露地3—4月、10—11月可移栽定植
✳	自然花期为4—5月
🏛	公园、校园、庭院、屋顶、阳台等

四、食用菌

灵芝 Lingzhi

拉丁学名 *Ganoderma* spp. **科属** 灵芝科灵芝属

形态特征 子实体大多为1年生，少数为多年生，木栓质或木质，个别种硬革质。菌柄侧生、偏生或中生，近圆柱形，有较强的漆样光泽。菌盖为半圆形、近圆形或肾形具沟纹，表面褐黄色或红褐色，血红至栗色，具似漆样光泽，盖表有同心环沟，边缘锐或稍钝，往往内卷。菌肉为白色至淡褐色，接近菌管处常呈淡褐色。菌管小，管孔面为淡白色、白肉桂色、淡褐色至淡黄褐色，管口近圆形。子实体展示期为6—9月。

分布状况 灵芝属在全球均有分布，已有250多个种被描述。在我国，灵芝科被认定98个种，俗称的灵芝（赤芝）在我国19个省份均有分布。自然生境下，一般单生或丛生于枯树干或木桩上，广泛栽培于全国各地。

生态习性 菌丝可在5～35℃生长，喜温暖，在栽培基质中，子实体分化及生长的最适温度为23～27℃，较适温度为24～26℃。喜湿，怕涝，栽培基质适宜的含水量为55%～60%，子实体生长期间空气相对湿度应保持在85%～90%，适宜子实体分化的二氧化碳含量为0.03%～0.10%，菌丝生长最适pH为4～6。菌丝培养期需暗光，子实体形成及生长需要的照度为1 500lx。

应用介绍 灵芝子实体内含有丰富的矿质元素、多糖、蛋白质等营养成分，既可用来制作饮品、面包、面粉等多种产品，也能够作为药材发挥益气强身、镇静安神的功效。2023年，灵芝被归为"按照传统既是食品又是中药材的物质"。在城市农业中适种于公园、校园等空间。

品种推荐 '赤芝''紫芝''白肉灵芝'等。

☀	遮阳
💧	喜湿，怕涝
🌡	喜温暖，生长适温为24～26℃
📅	露地5—6月可种植；室内全年可种植
✿	子实体展示期为6—9月
🏛	公园、校园等

117

金顶侧耳 Jingdingceer

拉丁学名　*Pleurotus citrinopileatus*　　**科属**　侧耳科侧耳属

形态特征　子实体丛生或覆瓦状叠生。菌柄偏生近中生，中实，肉质至纤维质，上有绒毛，常弯曲，基部相连。菌盖初期为扁平球形、半球形，展开后因菌柄位置不同存在形态差异；菌盖为草黄色至鲜黄色，光滑，漏斗形，边缘内卷。菌肉呈白色，质地既薄又脆，极易受损，散发清新的香味。孢子印的颜色为从白色、淡烟灰色到淡紫色。子实体展示期为5月、10月。

分布状况　自然分布于中国、日本、韩国以及欧洲、北美洲的一些国家和地区。我国金顶侧耳的自然分布区主要为吉林、黑龙江、河北、辽宁、内蒙古、山西、四川、广西、西藏等，常生长在榆、柞、桦、杨等阔叶树的枯木上，当前已实现人工广泛栽培。

生态习性　菌丝可在5～35℃生长，喜温暖，在栽培基质中，子实体分化及生长的最适温度为24～26℃，较适温度为18～22℃。喜湿，怕涝，基质适宜的含水量为60%～65%，子实体生长期间空气相对湿度应保持在85%～95%，适宜子实体分化的二氧化碳含量应低于0.15%，菌丝生长最适pH为6.0～6.5。菌丝培养期需暗光，子实体形成及生长需散射光。

应用介绍　金顶侧耳的子实体形如喇叭花，"花朵"簇聚，菇色鲜黄，形态高贵典雅，故有"玉皇蘑"的美誉。金顶侧耳营养丰富，口感甚好，相关分析药用活性的研究表明，金顶侧耳具有降血脂、平喘等药用活性，在城市农业中适种于公园、校园、庭院、社区、阳台等空间。

品种推荐　'大叶榆黄菇''小叶榆黄菇'等。

☀	遮阳
💧	喜湿，怕涝
🌡	喜温暖，生长适温为18～22℃
📅	露地4—5月、9—10月可种植；室内全年可种植
✽	子实体展示期为5月、10月
🏛	公园、校园、庭院、社区、阳台等

桃红侧耳 Taohongceer

拉丁学名 *Pleurotus salmoneostramineus* **科属** 侧耳科侧耳属

形态特征 子实体一般中等大。菌柄一般不明显或很短，有白色细绒毛。菌盖初期呈贝壳形或扇形，边缘内卷，后伸展，边缘呈波状，直径3～14cm，表面有细小绒毛至近光滑，幼时呈粉红色、鲑肉色或后变浅土黄色至灰白色。菌肉较薄，带粉红色或近盖色，稍密，延生，不等长。孢子印带粉红色。孢子光滑，无色，近圆柱形，（6～10.5）μm×（3～4.5）μm。担子有4小梗，褶缘囊体近圆柱形，顶端凸或膨大。子实体展示期为7—8月。

分布状况 在东北亚、欧洲、北美洲等地均有分布。在我国分布于海南、福建、广东、吉林等地，自然生境下常见于夏秋季的阔叶树腐木上，当前已实现广泛的人工栽培。

生态习性 菌丝可在5～35℃生长，喜温暖，在栽培基质中，子实体分化及生长的最适温度为26～30℃，较适温度为24～26℃。喜湿，怕涝，基质适宜的含水量为60%～65%，子实体生长期间空气相对湿度应保持在85%～95%，适宜子实体分化的二氧化碳含量应低于0.15%，菌丝生长最适pH为6.0～6.5。菌丝培养期需暗光，子实体形成及生长需散射光。

应用介绍 桃红侧耳的子实体内含有丰富的多糖、蛋白质等营养成分，也有一定的药理作用，尤其是其含有较多的膳食纤维，对特定群体作用良好。在城市农业中适种于公园、校园、庭院、社区、阳台等空间。

品种推荐 '桃红侧耳'。

☀	遮阳
💧	喜湿，怕涝
🌡	喜温暖，生长适温为24～26℃
📅	露地6—8月可种植；室内全年可种植
❀	子实体展示期为7—8月
🏛	公园、校园、庭院、社区、阳台等

栗蘑 Limo

拉丁学名 *Grifola frondosa*　　**科属**　多孔菌科树花属

形态特征　由菌丝体、菌核、子实体组成。菌丝体、菌核是营养器官。子实体大或特大，肉质，有柄，呈珊瑚状分枝，不规则，菌肉白，末端生扇形至匙形菌盖，灰色至浅褐色，表面有细毛，老熟后光滑，有反射性条纹，边缘薄，内卷，重叠成丛。菌柄短，灰色、灰褐色至灰白色，表面有细绒毛，干燥后硬，边缘有一圈不规则尖凸，成熟后光滑，在不良环境会形成菌核。子实体展示期为6—9月。

分布状况　野生个体分布于中国、俄罗斯、日本等国。我国从黑龙江至云南一线的东部地区都有过野生个体分布的报道，20世纪80年代驯化成功，当前已广泛栽培于我国各地。

生态习性　典型的木生白腐菌，中温型，好氧，喜光。灰树花菌丝可在5～37℃生长，喜温暖，在栽培基质中，子实体分化及生长的最适温度为20～28℃，较适温度为18～24℃。喜湿，怕涝，基质适宜的含水量为60%～70%，子实体生长期间空气相对湿度应保持在85%～95%，适宜子实体分化的二氧化碳含量为0.03%～0.10%，菌丝生长最适pH为5.5～6.5。菌丝培养期需暗光，子实体形成及生长需要的照度为200～500lx。

应用介绍　栗蘑鲜品具有独特清香味，滋味鲜美；干品具有浓郁的芳香味，肉质嫩脆，味如鸡丝，脆似玉兰，营养丰富，在野生栗蘑的产地，属野生珍品。栗蘑的药用价值也很高，栗蘑多糖是最主要的生物活性成分，具有免疫调节作用。在城市农业中适种于公园、校园、庭院、社区等空间。

品种推荐　'庆灰1号''迁西3号'等。

☀	遮阳
💧	喜湿，怕涝
🌡	喜温暖，生长适温为18～24℃
📅	露地4—5月可种植
❀	子实体展示期为6—9月
🏛	公园、校园、庭院、社区等

黑木耳 Heimuer

拉丁学名 *Auricularia auricula-judae* **科属** 木耳科木耳属

形态特征 由菌丝体、子实体两大部分组成。菌丝体为营养器官，菌丝纤细，无色。子实体是繁殖器官，单生或丛生，初期呈豆粒状，后逐渐生成耳形、杯形、片形或菊花状，基部狭长形成耳根。子实体鲜时呈胶质、半透明，薄而有弹性，一般呈黄褐色或褐色；干时收缩，角质状，硬而脆，常呈灰褐色或黑褐色。子实体分背、腹两面，腹面着生子实层，平滑或略有脉纹；背面着生细短茸毛，不分割，多弯曲，向顶端渐渐尖削，基部膨大。子实体展示期为6—9月。

分布状况 广泛分布在热带、亚热带、温带地区，主要分布在温带、亚热带海拔500～1 000m的山区森林中，分布范围受人类活动的影响很大。我国大部分地区属温带和亚热带，因此分布广泛。我国的人工栽培历史可追溯至唐朝，20世纪80年代时栽培技术实现质的飞跃，当前已广泛栽培于全国各地。

生态习性 菌丝可在5～36℃生长，喜温暖，在栽培基质中，子实体分化及生长的最适温度为24～26℃，较适温度为20～28℃。喜湿，怕涝，基质适宜的含水量为60%～70%，子实体生长期间空气相对湿度应保持在85%～90%，适宜子实体分化的二氧化碳含量在0.03%左右，菌丝生长最适pH为5.0～6.5。菌丝培养期需暗光，子实体形成及生长需要的照度为400lx。

应用介绍 黑木耳以其口感独特、耳片脆嫩、营养含量丰富而深受人们的喜爱。段木栽培模式、露地间歇迷雾全光照栽培模式均能良好生长。在城市农业中适种于公园、校园、庭院等空间。

品种推荐 '黑29''大山黑''黑威15'等。

☀	遮阳
💧	喜湿，怕涝
🌡	喜温暖，生长适温为20～28℃
📅	露地5—6月可种植；室内全年可种植
🌸	子实体展示期为6—9月
🏛	公园、校园、庭院等

猴头菇 Houtougu

拉丁学名 *Hericium erinaceus*　　**科属** 齿菌科猴头菇属

形态特征 子实体中等、较大或大型，肉质，外形呈头状或倒卵状，似猴子的头，故名"猴头"。鲜时全部为白色，干燥后变为乳白色至浅黄或浅褐色，块状，由肉质软刺生长在狭窄或较短的柄部；刺细长下垂如毛发，上端粗，下端尖细，刺表面被有子实层。子实体内部有肥厚而粗短的分枝，互相融合，呈花椰菜状，中间有小孔隙，肉质柔软细嫩，白色，有清香味，内实。子实体发生期为栽培后1个月。

分布状况 在自然界中分布很广，主要分布在北温带的阔叶林或针阔叶混交林中，如西欧、北美洲、日本、俄罗斯等地。在我国，主要分布在东北地区的大、小兴安岭，西北地区的天山、阿尔泰山，西部的喜马拉雅山，西南地区横断山脉的林区，自20世纪60年代驯化以来，已广泛在全国人工栽培。

生态习性 菌丝可在10～34℃生长，喜温暖，在栽培基质中，子实体分化及生长的最适温度为20～26℃，较适温度为16～20℃。喜湿，怕涝，基质适宜的含水量为60%～70%，子实体生长期间空气相对湿度应保持在85%～90%，适宜子实体分化的二氧化碳含量应不超过0.1%，菌丝生长最适pH为4.5～6.5。菌丝培养期需暗光，子实体形成及生长需要的照度为200～400lx。

应用介绍 猴头菇在中国既是食用珍品，又是重要的药用菌，肉嫩味香，鲜美可口。猴头菇也是中国传统的贵重中药材，具有滋补健身、助消化、利五脏的功能。在城市农业中适种于公园、校园、庭院等空间。

品种推荐 '常山猴头菇99号''黑威9910'等。

☀	遮阳
💧	喜湿，怕涝
🌡	喜温暖，生长适温为16～20℃
▥	简易设施内3—4月可种植；控温设施内全年可种植
❀	子实体发生期为栽培后1个月
🏠	公园、校园、庭院等

蛹虫草 Yongchongcao

拉丁学名　*Cordyceps militaris*　　科属　麦角菌科虫草属

形态特征　子实体1年生，是由子座（草部分）与菌核（虫的尸体部分）两部分组成的复合体，单个或数个从寄主头部长出，棍棒状，明显地分为头部和柄部两部分：头部可育，不规则棍棒状或圆锥体，新鲜时为橘红色，肉质，粗糙或具斑点，干后为红褐色，脆质；柄部不育，圆柱形，新鲜时为淡橘红色，干后为浅红褐色，光滑，与头部无明显界线，柄基与昆虫的蛹相连。子实体发生期为栽培后1个月。

分布状况　野生蛹虫草分布在全球，在我国16个省份都有发现，以东北地区发现得较多。我国30多年来的人工栽培实践表明，蛹虫草可以完全腐生生活，当前已广泛栽培于全国各地。

生态习性　菌丝可在5～30℃生长，喜温暖，在栽培基质中，子实体分化及生长的最适温度为18～23℃，较适温度为20～23℃。喜湿，怕涝，基质适宜的含水量为60%～65%，子实体生长期间空气相对湿度应保持在80%～95%，适宜子实体分化的二氧化碳含量为0.03%～0.10%，菌丝生长最适pH为4～6。菌丝培养期需暗光，子实体形成及生长需要的照度为200～800lx。

应用介绍　蛹虫草是一种具有食用和药用价值的大型真菌，其中所含人体必需的氨基酸不仅种类齐全、数量充足，而且比例适当，与冬虫夏草基本一致。人工栽培的蛹虫草中还含有丰富的维生素、矿物质等，在城市农业中适种于校园、庭院等空间。

品种推荐　'辽北虫草1号''高博特北虫草'等。

☀	遮阳
💧	喜湿，怕涝
🌡	喜温暖，生长适温为20～23℃
🏠	简易设施内3—4月可种植；控温设施内全年可种植
✳	子实体发生期为栽培后1个月
🏛	校园、庭院等

小白平 Xiaobaiping

拉丁学名 *Pleurotus craterellus*　　**科属**　侧耳科侧耳属

形态特征　子实体中等至大型，寒冷季节子实体颜色变深。菌柄长 1～3cm，粗 1～2cm，短或无，侧生，白色，内实，基部常有绒毛。菌盖直径 5～21cm，扁半球形，后平展，有后檐，白色至灰白色、青灰色，有条纹。菌肉为白色，厚。菌褶为白色，延生在菌柄上交织。孢子无色，光滑，近圆柱形，大小为（7～10）m×（2.5～3.5）m。冬春季于阔叶树腐木上覆瓦状丛生。子实体发生期为栽培后1个月。

分布状况　适应性强，是世界性分布的菌类，是世界第四大栽培食用菌，广泛栽培于世界各地。在我国的所有省份均有分布，已是目前我国栽培量最大、普及面最广的食用菌。

生态习性　菌丝可在 5～35℃生长，喜中低温，在栽培基质中，子实体分化及生长的最适温度为 10～25℃，较适温度为 13～17℃。喜湿，怕涝，基质适宜的含水量为60%左右，子实体生长期间空气相对湿度应保持在80%～95%，适宜子实体分化的二氧化碳含量应不超过0.1%，菌丝生长最适pH为 5.5～6.0。菌丝培养期需暗光，子实体形成及生长需要的照度为200～1 000lx。

应用介绍　小白平子实体肉肥质嫩、味道鲜美，具有高蛋白、低脂肪的特点，富含多种矿质元素和维生素，是人类理想的健康食品。在城市农业中适种于公园、校园、社区等空间。

品种推荐　'小白玉'等。

☀	遮阳
💧	喜湿，怕涝
🌡	喜中低温，生长适温为13～17℃
🏛	简易设施内3—4月可种植；控温设施内全年可种植
✺	子实体发生期为栽培后1个月
🏠	公园、校园、社区等

茶树菇 Chashugu

拉丁学名　*Agrocybe cylindracea*　　**科属**　球盖菇科田头菇属

形态特征　子实体单生、双生或丛生。菌柄中实，黄白色，成熟期菌柄变硬，菌柄附暗淡黏状物，菌环残留在菌柄上或附于菌盖边缘自动脱落。菌盖表面平滑，初为半球形，暗红褐色，后渐扁平，有浅皱纹，淡褐色或土黄色。菌肉（除表面和菌柄基部之外）白色，中实。菌环为白色，膜质，上位着生。成熟之后菌盖上卷；菌肉为污白色，略有韧性，中部较厚，边缘较薄；菌褶呈片状，初为白色，成熟后为咖啡色；菌柄近白色，基部呈污褐色；菌环膜质，生于菌柄上部。子实体发生期为栽培后1个月。

分布状况　原产于福建西北部，天然生于油茶树的枯干、树桩上，主要于春秋两季生长在油茶树、杨树等阔叶树的树干或树桩的腐朽部分和根部。其近缘种——柱状田头菇(*A. aegerita*)主要分布在北温带和亚热带地区。当前已广泛人工栽培。

生态习性　菌丝可在10～35℃生长，喜温暖，在栽培基质中，子实体分化及生长的最适温度为25～27℃，较适温度为13～25℃。喜湿，怕涝，基质适宜的含水量为55%～65%，子实体生长期间空气相对湿度应保持在90%左右，适宜子实体分化的二氧化碳含量应在0.1%以下，菌丝生长最适pH为4.0～6.5。菌丝培养期需暗光，子实体形成及生长需要的照度为500～1 000lx。

应用介绍　茶树菇营养丰富，味道鲜美，口感脆，香味浓郁、纯正，质地细嫩，还具有补益、降压、安心醒脑、抗衰老等功能，对尿频、水肿、气喘、小儿尿床、关节炎、低热等均有显著的疗效。在城市农业中适种于公园、校园、社区等空间。

品种推荐　'古茶1号''古茶2号''赣茶AS-1'。

☀	遮阳
💧	喜湿，怕涝
🌡	喜温暖，生长适温为13～25℃
🏛	简易设施内4—5月可种植；控温设施内全年可种植
✳	子实体发生期为栽培后1个月
🏛	公园、校园、社区等

竹荪 Zhusun

拉丁学名 *Phallus indusiatus*　　　**科属**　鬼笔科鬼笔属

形态特征　常被人称为"雪裙仙子""山珍之花""真菌之花""菌中皇后"。 是寄生在枯竹根部的一种隐花菌类，形状略似网状干白蛇皮，有深绿色的菌帽，雪白色的圆柱状菌柄，粉红色的蛋形菌托，在菌柄顶端有一围细致洁白的网状裙从菌盖向下铺开。从子实体形态结构来看，由菌托、菌柄、菌裙、菌盖4个部分组成。子实体发生期为栽培后60d左右。

分布状况　主要分布于北半球的温带至亚热带地区。在我国大部分省份均有分布，当前已广泛栽培于全国各地，但各地的品种不完全相同，其中以西南地区各省份分布较广，食用品种质量也较优。

生态习性　菌丝可在5 ~ 30℃生长，喜温暖，在栽培基质中，子实体分化及生长的最适温度为23 ~ 25℃，较适温度为25 ~ 32℃。喜湿，怕涝，基质适宜的含水量为60% ~ 65%，子实体生长期间空气相对湿度应保持在85% ~ 95%，适宜子实体分化的二氧化碳含量为0.03%，菌丝生长最适pH为4.5 ~ 6.0。菌丝培养期需暗光，子实体形成及生长需散射光。

应用介绍　竹荪脆嫩爽口，香甜鲜美，别具风味，作为菜肴冠于诸菌，竹荪具有很高的药用价值，竹荪栽培适应力广泛，在城市农业中适种于公园、校园、庭院等空间。

品种推荐　'长裙竹荪''短裙竹荪'等。

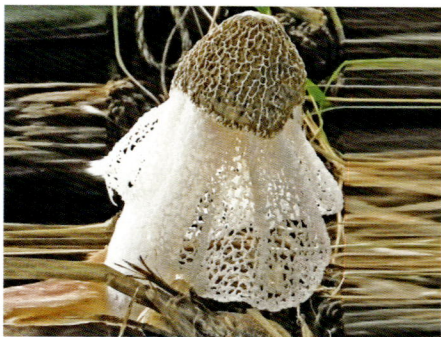

☀	遮阳
💧	喜湿，怕涝
🌡	喜温暖，生长适温为25 ~ 32℃
📅	露地5—6月可种植；简易设施内4—5月可种植
✳	子实体发生期为栽培后60d左右
🏛	公园、校园、庭院等

大球盖菇 Daqiugaigu

拉丁学名 *Stropharia rugosoannulata*　　　**科属**　球盖菇科球盖菇属

形态特征　菌盖幼时呈半球形，后变为凸镜形，成熟时为圆形，平展；菌盖表面新鲜时为酒红色，具白色纤毛状鳞片，干后变为浅黄褐色，无环带，粗糙；边缘钝或锐，干后内卷。菌褶表面新鲜时为灰紫色至暗褐紫色，干后变为灰褐色；菌褶密，不等长，弯生，脆质。菌肉新鲜时为乳白色，肉质，无环带，干后软木栓质。菌柄幼时基部膨大，成熟后多等粗，纤维质；成熟菌柄上部为乳白色，中部、基部为黄褐色。菌环上位，上面具皱褶。子实体发生期为栽培后55d左右。

分布状况　广泛分布于亚洲温带地区、欧洲、美洲。在我国主要分布于甘肃、吉林、陕西、四川、台湾、西藏、云南。自1969年民主德国进行人工驯化栽培以来，栽培技术日渐成熟，当前已广泛栽培于我国各地。

生态习性　菌丝可在5～36℃生长，喜温暖，在栽培基质中，子实体分化及生长的最适温度为24～28℃，较适温度为12～25℃。喜湿，怕涝，基质适宜的含水量为65%～70%，子实体生长期间空气相对湿度应保持在85%～95%，适宜子实体分化的二氧化碳含量应低于0.15%，菌丝生长最适pH为5～7。菌丝培养期需暗光，子实体形成及生长需散射光。

应用介绍　大球盖菇营养丰富，口感脆嫩，鲜味浓郁，且具有重要的保健功能。适应性强，易于栽培，联合国粮食及农业组织（FAO）已向发展中国家予以推荐，可作为新的蛋白质资源进行开发，已引起许多国家的重视。在城市农业中适种于公园、校园、庭院等空间。

品种推荐　'赤松茸''金松茸'等。

☀	遮阳
💧	喜湿，怕涝
🌡	喜温暖，生长适温为12～25℃
🏠	露地5—6月可种植；简易设施内4—5月可种植
✳	子实体发生期为栽培后55d左右
🏛	公园、校园、庭院等

127

黄伞 Huangsan

拉丁学名 *Pholiota adiposa*　　**科属**　球盖菇科鳞伞属

形态特征　子实体担子果具中生柄。无嗅无味，菌盖表面新鲜时为浅黄色至黄褐色，干后变为金黄色至黄褐色，有一层透明黏液，如涂油脂状。菌褶表面新鲜时为黄色至锈黄色；菌褶密，不等长，通常延生，脆质。菌丝隔膜具锁状联合；菌肉菌丝无色或浅黄色，弯曲，有些菌丝膨胀，紧密交织；菌髓菌丝无色，薄壁至略厚壁，有些菌丝膨胀，子实层中具囊状体，薄壁至略厚壁。担孢子呈椭圆形或长椭圆形，金黄色，厚壁，平滑。子实体发生期为栽培后30d左右。

分布状况　世界性的木腐生野生食用菌，主要分布于中国、日本、欧洲、北美洲等地，多生于柳树、杨树等阔叶树，以海拔1 500m以下的山林中居多，自1966年被驯化以来，栽培技术已完全成熟，当前在我国广泛栽培于全国各地。

生态习性　菌丝可在5～35℃生长，喜温暖，在栽培基质中，子实体分化及生长的最适温度为20～25℃，较适温度为15～18℃。喜湿，怕涝，基质适宜的含水量为50%～75%，子实体生长期间空气相对湿度应保持在80%～90%，适宜子实体分化的二氧化碳含量应低于0.1%，菌丝生长最适pH为5～6。菌丝培养期需暗光，子实体形成及生长需要的照度为300～1 500lx。

应用介绍　黄伞营养价值十分丰富，富含蛋白质、矿物质、纤维素，味道十分鲜美，晒干后呈金黄色，具有浓郁的菇香，风味独特，独具一格。黄伞是一种食药兼用菌，其子实体表面有一层黏质，可用来提取多脂鳞伞多糖。在城市农业中适种于公园、校园、庭院等空间。

品种推荐　'黄伞HS7''黄伞京科54'。

☀	遮阳
💧	喜湿，怕涝
🌡	喜温暖，生长适温为15～18℃
▦	露地4—5月、9—10月可种植；控温设施内可全年种植
✳	子实体发生期为栽培后30d左右
⌂	公园、校园、庭院等

荷叶离褶伞 Heyelizhesan

拉丁学名　*Lyophyllum decastes*　　**科属**　白蘑科离褶伞属

形态特征　子实体中等至较大。菌柄近柱形或稍扁，白色，光滑，内实。菌盖呈扁半球形至平展，中部下凹，灰白色至灰黄色，光滑，不黏，边缘平滑且初期内卷，后伸展呈不规则波状瓣裂。菌肉为白色，中部厚。菌褶为白色，稍密至稠密，直生至延生，不等长。子实体发生期为菌丝成熟后40d左右。

分布状况　经人工驯化栽培以来已形成完备的工厂化栽培技术体系，当前已在全国广泛栽培。

生态习性　菌丝可在5～35℃生长，喜温暖，在栽培基质中，子实体分化及生长的最适温度为25℃，较适温度为19℃。喜湿，怕涝，基质适宜的含水量为60%，子实体生长期间空气相对湿度应保持在85%～90%，适宜子实体分化的二氧化碳含量应低于0.3%，菌丝生长最适pH为4～5。菌丝培养期需暗光，子实体形成及生长需散射光。

应用介绍　荷叶离褶伞菌肉肥厚细腻、口感脆滑、味道鲜美、营养丰富，干制后营养和口感不变，含有高蛋白质和多种氨基酸，还含维生素B_1、维生素B_2、维生素B_3、维生素C，具有很高的营养价值和特殊的药用效果。在城市农业中适种于公园、校园、庭院等空间。

品种推荐　'中菌鹿茸菇1号'。

☀	遮阳
💧	喜湿，怕涝
🌡	喜温暖，生长适温为19℃
📅	露地4—5月可种植；室内控温全年可种植
✿	子实体发生期为菌丝成熟后40d左右
🏛	公园、校园、庭院等

毛头鬼伞 | Maotouguisan

拉丁学名　*Coprinus comatus*　　**科属**　鬼伞科鬼伞属

形态特征　常多个群生，新鲜时肉质，无嗅无味，干后碎质。菌柄呈圆柱形，纤维质，下部具一灰白色菌环。菌盖幼时呈圆柱形、长卵形，成熟时呈钟形；菌盖表面新鲜时为灰白色至浅褐色，被灰白色鳞片；鳞片平伏或反卷；菌盖表面干后变为灰色至浅黄褐色，具沟纹，粗糙；边缘呈波状，常开裂。菌褶表面新鲜时为灰色、灰黑色，子实体开伞后菌褶化为墨汁状液体；菌褶密，不等长，脆质或变为粉末状。菌肉新鲜时为白色，肉质，无环带，干后软木栓质。子实体展示期为6—9月。

分布状况　分布于亚洲、欧洲、大洋洲、北美洲。在我国主要分布于东北、华北、西北、西南、华东等地，当前已广泛栽培于全国各地。

生态习性　菌丝可在3～35℃生长，喜温暖，在栽培基质中，子实体分化及生长的最适温度为15～30℃，较适温度为22～28℃。喜湿，怕涝，基质适宜的含水量为60%～70%，子实体生长期间空气相对湿度应保持在85%～90%，适宜子实体分化的二氧化碳含量应低于0.1%，菌丝生长最适pH为7.8～8.0。菌丝培养期需暗光，子实体形成及生长需要的照度为500～1 000lx。

应用介绍　毛头鬼伞可食用，肉质细嫩，营养丰富，是一种典型的高蛋白、低脂肪、低热量的健康食品（注：毛头鬼伞老熟时菌盖完全开伞，菌褶变黑，随后菌盖变软溶液化，成为墨汁状液体，不能食用）。在城市农业中适种于公园、校园等空间。

品种推荐　'鸡腿菇'。

☀	遮阳
💧	喜湿，怕涝
🌡	喜温暖，生长适温为22～28℃
📅	露地5—6月可种植；室内全年可种植
❀	子实体展示期为6—9月
🏛	公园、校园等

黑皮鸡枞 Heipijizong

拉丁学名 *Xerula radicata* **科属** 口蘑科长根菇属

形态特征 子实体单生或散生。菌柄中生，深褐色，有小麻点，实心而脆，圆形，中实，灰褐色，表面有细毛鳞，基部膨大呈倒圆锥形，有细长假根向下延伸。菌盖初为半球形，平展后为圆形，表面为淡褐色，平滑或具辐射状皱纹，湿润时黏性强，盖缘全缘。菌肉薄，白色。菌褶直生至弯生，疏有小褶，广弧形，褶缘全缘，白色。子实体发生期为覆土栽培后40d左右。

分布状况 在热带、亚热带、温带地区广泛分布，夏秋季生长于阔叶林、针阔叶混交林或竹林、茶林地上。20世纪70年代驯化成功，2006年后经品种选育、栽培技术提升，当前已广泛栽培于我国各地。

生态习性 菌丝可在12 ~ 35℃生长，喜温暖，在栽培基质中，子实体分化及生长的最适温度为20 ~ 25℃，较适温度为24 ~ 26℃。喜湿，怕涝，基质适宜的含水量在60%左右，子实体生长期间空气相对湿度应保持在85%左右，适宜子实体分化的二氧化碳含量应低于0.3%，菌丝生长最适pH为5.5 ~ 7.3。菌丝培养期需暗光，子实体形成及生长需散射光。

应用介绍 长根干蘑肉质细嫩，味道鲜美，富含蛋白质、氨基酸、脂肪、糖类(碳水化合物)、维生素、微量元素硒以及真菌多糖、三萜类、朴菇素、生物碱、牛磺酸、磷脂等多种营养成分。有较高的食用价值和药疗价值，属食药兼用菌。在城市农业中适种于公园、校园、庭院等空间。

品种推荐 云鸡枞系列（云南省农业科学院选育）等。

☀	遮阳
💧	喜湿，怕涝
🌡	喜温暖，生长适温为24 ~ 26℃
📅	露地7—8月可种植；控温菇房内全年可种植
✳	子实体发生期为覆土栽培后40d左右
🏠	公园、校园、庭院等

《北京市城市农业模式构建与典型案例》

第五章

北京市城市农业典型案例

一、公园农业场景典型案例

1.北京温榆河公园芸上梯田片区

（1）基本情况

北京温榆河公园是北京市规模最大的城市郊野公园，规划占地总面积达30km²，具备"山、水、林、田、湖、草、沙"全要素生态空间，公园内基本农田有4 000余亩，涉及朝阳、顺义两区，涵盖旱地、水田、梯田等多种类型。芸上梯田片区位于北京温榆河公园朝阳示范园，占地70余亩，是公园内唯一的梯田，地性为永久性基本农田。

（2）种植规划

芸上梯田片区主要利用现有梯田地型营造农田景观，梯田主景观区按照早春茬口（3—5月）种植油菜花，春夏茬口（5—7月）种植彩色荞麦，夏秋茬口（7—10月）种植向日葵，局部区域搭配种植甘薯、马铃薯等作物。通过错期播种、茬口搭配、精量灌溉、肥料缓释等农艺技术，形成良种良法配套展示，延长农作物的群体观赏期，丰富园内的农田景观元素，形成"三季花开，四季有景"的田园画卷。

（3）运营方案

北京温榆河公园朝阳示范园经过5年的运营，芸上梯田片区已成为北京温榆河公园中最重要的游客引流打卡地，主打春季油菜花梯田和秋季向日葵梯田两季景观，综合带动了公园内配套的餐饮、购物、休闲娱乐等服务项目。同时该片区内也引入了第三方教育培训机构，以农事体验教育为主题开展儿童科普研学活动，形成了农旅+研学的良性运营模式。

2.北京温榆河公园田北农舍片区

（1）基本情况

田北农舍片区位于北京温榆河公园朝阳一期，占地175亩，包含旱作片区、水田片区两个片区，地性为永久性基本农田。

（2）种植规划

旱作片区规划种植面积约75亩，主栽鲜食玉米、花生、豆类等特色作物，采取适墒精播、水肥一体化等栽培技术，于春夏茬口（5—7月）实施标准化播种作业，确保在秋季游园旺季进入最佳采收期，打造集鲜食体验与田园观赏于一体的特色农业景观带。水田片区占地约100亩，主要种植水稻、莲等水生作物，水稻采用工厂化育秧、机插密植等现代化生产方式，于春夏茬口（5—7月）完成精准插秧，通过灌溉水肥一体化与精准植保管理，实现10月稻谷的优质高产。同时，水田也为多种鸟类、昆虫以及底栖动物提供了生境支撑，丰富了农田的生物多样性。田北农舍片区已经逐步展现出"夏观碧浪连天，秋赏金穗垂首"的稻作风光，形成科技与美学融合的稻田艺术区。

（3）运营方案

在运营方面依托丰富的农业元素，一是设计出符合新课标要求的农事教育课程，面向北京市中小学生及广大市民开展农事体验、农耕文化科普活动，打造农耕文化传承阵地。二是通过品种优选、农时衔接与景观设计，构建"旱作镶玉、水田鎏金"的城市农业景观，结合水田丰富的生物多样性资源向公众宣传农业生态功能和生物多样性保护。三是结合田北农舍片区秋季客流高峰，在农民丰收节期间开展农产品展销活动，实现联农带农的目的。

3.北京温榆河公园晴耕雨读片区

（1）基本情况

晴耕雨读片区位于北京温榆河公园顺义一期园，占地近30亩，包括永久性基本农田及建设用地。

（2）种植规划

晴耕雨读片区的农田部分主要规划种植油菜花、小麦、向日葵，局部区域搭配种植甘薯、花生、紫苏等作物，形成优美的田园景观。同时在非农田区域及建筑区域，结合该片区的功能和空间特点，选取薄荷、迷迭香、百里香等50余个赏食兼用型芳香植物品种，并通过集约化生产、模块化景观构建、肥料长效缓释以及环保型基质混配等技术构建可食地景景观。

（3）运营方案

北京温榆河公园顺义一期园经过2年的运营，晴耕雨读片区已经成为该园区的核心景观区，主打春季和秋季两季农田景观。同时该片区内也引入了第三方科普培训机构，以农事体验教育为主题开展科普研学活动，陆续开展了粮食加工、糕点制作、自然手作、自然观察、盆栽种植等体验课程，形成了良好的运营氛围。

二、校园农业场景典型案例

1. 北京学校

（1）基本情况

北京学校是北京市教育委员会直属的小学、初中、高中一体化的全日制公立学校。北京学校位于北京市通州区潞阳大街35号，紧邻城市副中心核心区域，占地面积约300亩。学校课程设置突出实践性、综合性和创新性，强化"学科融合"，因此在校园建设之初就规划了农业科普教学园。

（2）种植规划

结合学校教学管理和农田后期维护管理等多方面因素，北京市农业技术推广部门根据北京学校农业科普教学园的区位特点及作物种类习性进行分区种植管理。从北到南依次设置粮食作物区（2 928m²）、蔬菜作物区（1 752m²）和药材花卉区（1 662m²）。粮食作物区春茬种植油菜花，并作为绿肥打碎后还田以增加土壤有机质含量，夏秋茬主要种植玉米、大豆、向日葵、旱稻和甘薯等作物。蔬菜作物区春茬主要种植生菜、苋菜、菠菜、羽衣甘蓝等叶菜类作物，夏秋茬主要种植辣椒、番茄、茄等果菜类蔬菜。药材花卉区主要种植菘蓝、薄荷、紫苏、菊花等药用及芳香类植物。

（3）教学效果

北京学校农业科普教学园是目前北京市中小学校园内规模最大、农作物品种最为丰富的校园农业科普教学园，在北京市乃至全国都具有一定的引领示范意义。北京学校结合生物课和劳动课，开设了多种农事体验课，带领学生参与农业种植，不但增加了学生的农业科普知识，更培养了学生"尊农、重农、爱农"的家国情怀。

2. 北京西藏中学

（1）基本情况

北京西藏中学是北京市响应中共中央"内地办学、智力援藏"号召成立的重点教育援藏单位，直属北京市委教育工作委员会、北京市教育委员会，是北京市唯一生源全部来自西藏的全日制寄宿制民族高中。北京西藏中学位于北京市朝阳区北四环东路高原街1号，占地面积3.5万 m^2 。学校格外重视学生的综合素质提升，在校园内建有实验楼、音乐楼、健身房和科普研学温室，建校以来为西藏各领域输送了大量人才。

（2）种植规划

北京市农业技术推广部门根据北京西藏中学的教学需求和校园空间实际条件，对学校的科普研学场景进行了提升。对该校的温室进行了分区布局和植物配置，升级为可以展示农作物品种和开展农事体验的科普研学温室，先后展示了观赏辣椒、南瓜、金顶侧耳、迷迭香、薄荷、草莓、香蕉、柠檬等16个品种。在校园绿地内开辟了室外科普研学农园，分区种植了大豆、谷子、甘薯、竹荪、玉米、小麦、菊花等12个品种。

（3）教学效果

北京西藏中学与北京市农业技术推广部门开展"站校农业科普共建模式"创建，共建的科普研学温室和室外科普研学农园地成为广受学生喜爱和欢迎的学农实践基地。同时依托科普研学场景，根据农时为在校学生设计了一套精品农事科普体验课程，并在课程系统化设计、学生研究性学习等方面开展了深入合作，促进了学校校本课程体系建设，助力学生全面而个性化地成长。

3. 北京小学通州分校

（1）基本情况

北京小学通州分校是北京小学教育集团的重要组成部分，是一所设施先进、功能完备的现代化学校。学校占地面积约115亩，总建筑面积4.18万 m^2，可容纳72个教学班和近3 000名学生。学校注重培养学生的实践能力和综合素质，以"活力教育"为办学理念，倡导健康、快乐、安全、文明的校园文化，引导学生在课间活动中"玩"出花样、"玩"出新意。学校开设了丰富的课外活动和社团，如种植养护小组等，让学生在实践中学习和成长。

（2）种植规划

北京市农业技术推广部门支撑学校在综合楼西侧开辟了校园药用植物园"半亩园"，种植了28种中草药，包括蒲公英、薄荷、藿香等全草类，菘蓝、射干、牛蒡等根茎类，菊花、忍冬等花果类，以及12种芳香药用植物。同时在学校操场东侧开辟了3亩多的菜园，命名为"布谷园"，种植了红薯、西芹、彩椒、大豆等农作物。学生参与播种、浇水、松土、采收等农事活动，体验农事乐趣，亲近自然。

（3）教学效果

北京小学通州分校结合校园农业场景建设，在校园农业方面开展了丰富多样的实践活动，形成了别具特色的农业教育模式。学校组织成立了种植小组，组织学生在课间十分钟进行作物的浇水、除草等日常养护工作，让学生亲身参与，体会"一分耕耘、一分收获"的艰辛与乐趣，培养他们的劳动意识和责任感。同时结合校园药用植物园，开设了中草药种植科普体验课，邀请中医药名师走进校园每周为学生上课，讲解中草药的文化历史、种植技术以及生活应用等内容。学生通过观察、触摸、闻气味等方式，深入了解中草药的特性，增强了对传统文化的认同感和自豪感。北京小学通州分校的校园农业教育不仅为学生提供了亲近自然、体验农事的机会，还通过中草药种植与科普，将传统文化与现代教育相结合，取得了良好的教育效果。

三、庭院农业场景典型案例

1.居庸乡宅民宿集群

（1）基本情况

居庸乡宅民宿集群位于北京市昌平区南口镇居庸关村，被青山环绕，自然风光优美，距离北京市区约70km，周边还有居庸关长城景区、虎峪自然风景区、八达岭奥莱等旅游节点，方便游客安排丰富的行程。居庸乡宅民宿集群项目一期盘活了10户村民闲置房宅，"一城小院""艺山田小院""和苑小院"和"关苑小院"等7座院落已具备接待能力。

（2）种植规划

北京市农业技术推广部门根据民宿各庭院的风格特点和小气候环境，结合不同农作物的园艺特性和季节茬口，先后种植了羽衣甘蓝、观赏辣椒、迷迭香等20余个作物品种。从作物品种的搭配、适宜栽培基质组配，到水肥技术调控、简易化管理等环节入手开展科技攻关和技术集成，形成了多样化的栽培模式和景观场景。

（3）展示效果

以"艺山田小院"为例，其建筑风格清新，落地窗外有池塘，室内配备吧台、开放式厨房等，院子里还有温泉池、露台烧烤设备等设施。结合庭院内景观风格和生活设施，主要规划种植了观赏蔬菜和香料植物，并通过模块化景观模式实现盆栽伴手礼快速转化。让游客放松身心的同时，感受到农业生产和农业科技的魅力，实现了可赏、可采、可食、可娱、可带的全方位感官体验。

2. 唐大庄村民宿集群

（1）基本情况

唐大庄村民宿集群位于北京市通州区台湖镇，距离北京环球度假区仅2km，是距离北京环球度假区最近的村民宿集群。唐大庄村共有145个院落，已有70余户村民签约发展民宿产业集群，并建立起一批承接北京环球度假区外溢客群的主题类民宿，如哈利·波特魔法学院暖唐民宿、熊猫亲子Loft、侘寂风

庭院等多种主题空间。

（2）种植规划

北京市农业技术推广部门选取3个主题院落和开放式咖啡厅、餐厅等公共空间根据各空间的环境特点及服务功能性，并结合不同空间主题开展城市农业展示。主要规划种植了观赏甘薯、观赏辣椒、薄荷、罗勒等30余个作物品种。从作物品种搭配和轻简化管理等环节开展技术集成，形成多样化栽培模式和主题化景观场景。

（3）展示效果

不但在民宿庭院内开展了城市农业展示，还带动了村内其他场景的景观提升，如咖啡厅、餐厅等，形成了特色农业景观，吸引了游客拍照、打卡和就餐，助力唐大庄村民宿集群实现提档升级，成为北京环球度假区周边的热门住宿目的地。

3. "左邻右舍" 民宿集群

（1）基本情况

"左邻右舍" 民宿集群位于北京市延庆区旧县镇东龙湾村，紧邻龙湾河和金牛湖风景区，自然环境优美，周边交通便捷。"左邻右舍" 民宿集群由北京大学团队设计，整体风格为中国传统庭院，融合了江南水乡的白墙黛瓦和徽派庭院的朦胧烟雨。民宿在保留乡村质朴美的同时，加入了中国园林元素和田园元素，空间错落有致。每个院子都有二层露台，可以让游客亲近自然，享受田园假日时光。

（2）种植规划

北京市农业技术推广部门针对民宿院落的空间特点和风格制定出"香草天空"和"菊香满园"两个主题院落，并以此设计了植物配置方案。"香草天空"主要以迷迭香、百里香、罗勒、牛至、薄荷等香草类植物为植物材料，通过模块化种植以盆栽和小型可食地景模式展示。"菊香满园"主要以小菊、翠菊、黑心菊等菊科植物为材料，进行景观营造。同时，设计团队还结合民宿所在村的农业和林下空间，进行了微田园和林下景观的提升，让游客可以体验到返璞归真的田园生活。

（3）展示效果

通过庭院农业和周边景观的提升，民宿环境得到了优化，体验活动得到了拓展，并通过与民宿所在镇的农业企业开展订单试生产合作，初步形成了"龙头企业+合作社+特色民宿"的共赢合作模式。庭院内所展示的盆栽可以作为伴手礼出售，形成产业微循环。同时游客还可以承包菜地，亲手种植蔬菜，享受农家生活。

四、公共空间场景典型案例

1.安贞街道华联广场油菜花田

（1）基本情况

北京市朝阳区安贞街道华联广场附近的安贞拾光主题广场有一片1 500m²的"快闪式"油菜花田，

安贞街道正在打造"安贞新坊"活力街区，安贞拾光主题广场是其中的重要节点。每年5月，街道会举办"遇·荐安贞——油菜花集"活动。同时这里会成为一个无界公园，全年都会呈现不同的景观和活动。

（2）种植规划

安贞拾光主题广场种植的五彩油菜花田中，除了常见的黄色油菜品种，还有橙色、粉色和淡紫色等颜色的油菜品种，各种颜色的油菜种植在可移动的模块化装置中，并通过精心设计以花境微田园景观的形式呈现，为游客带来独特的视觉体验。

（3）建设效果

结合油菜景观和"油菜花集"，组织方设置了"香气地图""玩乐地图""淘宝地图"三大板块，提供精品咖啡试饮、特色茶叶试吃、中医健康咨询、汉服展演、民乐队表演等特色体验。现场搭建了多处合影点和互动展板，游客可以拍照打卡并参与互动游戏。活动现场有来自13个省份的特色美食和文创产品，活动现场还设置了京郊乡村旅游景区推介，提供景区门票优惠和住宿折扣。

2. 右安门园艺驿站

（1）基本情况

右安门园艺驿站是北京市西城区的一个特色园艺场所，位于右安门地区。驿站经常举办各类与园艺相关的科普活动和手工体验课程，如插花、压花台灯、植物生态瓶制作等，深受人们喜爱。作为核心城区园艺新品种、新技术的展示窗口，右安门园艺驿站让人们在城区内近距离接触农业，感受农业的魅力。

（2）种植规划

右安门园艺驿站与北京市农业技术推广部门合作打造屋顶"五感"农园，成功营造出城市农业全新场景。屋顶"五感"农园运用芳香植物、药用植物及观赏蔬菜等多种植物材料，营造出有别于传统园林景观的微田园景观。通过视觉、嗅觉、味觉、触觉、听觉5种感觉的交互，增强游客的体验感和新奇感。右安门园艺驿站的屋顶"五感"农园成为城市农业的一次创新实践，推动城市农业与园艺文化的传播。

（3）建设效果

右安门园艺驿站以其独特的设计和丰富的活动，成为城市中的一片"绿洲"，为人们提供了亲近自然、学习园艺的绝佳场所，成功打造社区居民的绿色会客厅，适合开展亲子活动和社区团建。通过组织亲子手工课、社区活动等，增强社区凝聚力。它不仅为人们提供了亲近自然的机会，也为首都农业的"城乡联动，共融发展"提供了新途径。

3. 人定湖园艺推广中心

（1）基本情况

人定湖园艺推广中心是北京市西城区的一个园艺文化推广场所，位于人定湖公园内。该中心成立于2016年元旦，是首批落成的园艺驿站之一，经常举办各类园艺活动，如插花、设计盆栽组合、干花制作等，帮助人们学习园艺技巧，提升生活美学水平。该中心还承担科普功能，举办科普讲座和活动，提升人们的科学素养。

（2）种植规划

人定湖园艺推广中心的面积约为900m²，分为室内展区和室外展区。室内展区设有盆栽展示区、园艺工具区和图书阅览区等。室外展区通过设计规划，分区种植了叶菜、果菜、药材和芳香植物，并设有体验活动区。该中心整体环境整洁，作为一座开放式的科普教育基地，为人们提供了良好的学习和体验环境。

（3）建设效果

人定湖园艺推广中心每年举办活动百余场，向周边居民及园中游客提供园艺知识讲座、家庭园艺养护知识讲解、不同类型作物养护与培植等活动。此外，该中心还会在特别节日举办主题活动，如母亲节寻珠活动、教师节园艺桶体验活动、儿童节主题活动等。人定湖园艺推广中心不仅为人们提供了一个学习园艺知识、参与园艺活动的平台，还通过举办各种公益活动，增强了人们的生态保护意识，提升了生活品质，充分发挥文化、生态阵地的积极作用，传播科学知识。

五、市民农园场景典型案例

1.天开自然农社

（1）基本情况

天开自然农社位于北京市房山区韩村河镇，占地400余亩，是以农耕文化、放松休闲、蔬果采摘、

自然美育为主的市民农园。园区通过主题品牌IP打造，聚焦自然美学生活方式展示推广，已经逐步成为北京市最为精致和时尚的新派市民农园。

（2）种植规划

天开自然农社规划有核心体验区、景观花园区、露营区和餐饮配套区。核心体验区主要种植各类蔬果、香草及花卉作物，通过北京市农业技术推广部门和专业景观设计团队对园区进行整体景观提升，设计打造食材花园、景观廊道和林下景观区。食材花园采用微田园的设计理念，以当地石材构筑种植池，种植池内主要种植薄荷、百里香、牛至等香料植物以及生菜、叶用甜菜、南瓜等观赏蔬菜，在微田园周边种植观赏草、绣球花、大花葱等观赏植物提升景观效果。设施周边景观廊道长约80m，主要通过对原有区域的地形整理和植物整合，形成以萱草、观赏草、观赏菊类为骨干材料的仿自然式花境。林下景观区主要针对原有果林下杂草丛生的情况，种植了薄荷、委陵菜、紫花地丁等覆盖效果好、兼顾一定观赏性的景观植物，提升了林下景观效果，成为游客的露营圣地。

（3）运营效果

通过城市农业景观的植入，天开自然农社开发出精品果蔬产品、香草系列产品、健康轻食简餐产品等特色产品。同时天开自然农社已经成为一个融合了生活美学的市民农园，不定期举办一些符合现代都市人生活方式的品质生活美学活动，如农场咖啡、农事体验、美食制作、植物认知、美学教育、林下露营等。农社每年还会举办"春季游园会"，吸引了大量城市客群参与，带动了产业融合发展。

2.北京百旺农业种植园

（1）基本情况

北京百旺农业种植园隶属于北京百旺田园农业科技有限公司，该种植园依托现有精品果蔬资源，集精品农业、研学教育、农事体验、休闲娱乐、文创艺术于一体。

（2）种植规划

北京百旺农业种植园中开辟出艺术稻田、蔬艺园、蔬艺博物馆和市民开心农场。设施农业区通过墙绘艺术以及设施内不同色彩蔬菜搭配种植，形成优美的农艺景观。园区主干道种植福禄考、薰衣草、草花组合等，营造优美的园区景观。同时打造牡丹园、药食同源科普体验园等特色景观节点。药食同源科普体验园占地面积 $2\,000m^2$。以"药食同源，药赏兼用"为理念，种植适宜北京地区种植的药食同源类中药材 30 余种。

（3）运营效果

蔬艺园、蔬艺博物馆、市民开心农场等供休闲娱乐的体验设施，通过百科蔬菜种植的空间艺术搭建形式，讲述蔬菜与人的故事、蔬菜与艺术的融合，展现绿色生活方式，让游客动起手来，品味美食、感受蔬菜的艺术魅力。同时依照地形种植各类药用植物，形成园林景观式的药食同源科普体验园，让游客在园中即可"赏药景，闻药香，识药味"。该体验园的建设目的是加强药食同源品种资源引种与保存，旨在向游客科普中医药文化的同时，树立药食同源类中药材科普体验园的典范。

3.怪村都市农业体验园

（1）基本情况

怪村都市农业体验园位于北京市丰台区王佐镇怪村。园区是北京市近郊较早开展耕作体验的市民农园。园区遵循绿色、健康的种植理念，延续传统农业种植方式，让游客回归绿色田园，通过亲手培育有机蔬果，真正享受到舌尖上的安全，分为一分田园农耕文化体验区和亲子休闲区两个区域。

（2）种植规划

怪村都市农业体验园规划有一分田园农耕文化体验区和亲子休闲区两个主要功能区。一分田园农耕文化体验区将土地规划成一定规格的地块，让游客租种，体验农耕文化，收获健康蔬菜。体验区用高低不同、颜色不同的围栏对各租赁地块进行分割，营造错落有致的景观效果，配置部分景观小品提升观赏性，同时在不改变土地性质的前提下，对园区地块进行平整，铺设地下管线，修建步道、排水沟，提升了体验区的整体风貌。亲子休闲区占地面积84亩，铺装了步道，安装了路灯，打造了部分景观小品，提升了观赏性。

（3）运营效果

租赁地块的游客可以在一分田园农耕文化体验区体验种植、收获的乐趣，园区也可根据业主要求完成所有的种植管理、肥水灌溉、果实采摘等工作，每周一次预约拍照，通过微信转达种植情况，果实成熟后还可快递配送。园区在亲子休闲区建有小动物园，饲养性格温顺的大耳羊、兔子、松鼠、孔雀、雉鸡等小动物，供孩子们喂养。游客还可以参加开耕节和丰收节等节庆活动，体验播种、采摘、收获等农事活动，观看传统农耕文化、农耕用具、村落传说、种植技巧等展览展示，参与太平鼓表演，书写春耕诗句，动手制作多肉植物景观、种子拼图，喂养动物，夹豆子，拼图，翻地，玉米脱粒，袋鼠跳等亲子游戏。

埃比尼泽·霍华德，2010. 明日的田园城市 [M]. 北京：商务印书馆.

曹林奎，甘晓兵，1995. 21 世纪上海城市农业发展模式探讨 [J]. 上海农学院学报 (1): 73-76.

陈龙庭，2023. 生态城市背景下规划建设现代化城市农业公园的思考 [J]. 科学发展 (8): 91-98.

杜兴端，常洁，郭耀辉，等，2023. 新发展阶段城市农业的价值与发展路径研究 [J]. 江西农业学报，35(1): 214-219.

方斌，1996. 第一产业在城市中定位的思考 [J]. 城市规划汇刊 (3): 21-28.

方志权，2000. 都市农业：一种发达形态的农业 [J]. 学术研究 (12): 38-39.

高宁，2012. 基于农业城市主义理论的规划思想与空间模式研究 [D]. 杭州：浙江大学.

高宁，华晨，朱胜萱，等，2013. 农业城市主义策略体系初探——浅析荷兰《鹿特丹城市农业空间》研究 [J]. 国际城市规划，28 (1): 74-79.

高宁，张佳，胡迅，2019. 城市农业规划策略研究——以美国为例 [J]. 世界农业 (7): 83-89, 115.

谷溢，Cassidy Johnson，蔡建明，等，2023. 伦敦小园地 (allotments) 模式对城市韧性的影响与启示 [J]. 城市规划学刊 (3): 110-118.

黄年来，林志彬，陈国良，等，2010. 中国食药用菌学 [M]. 上海：上海科学技术文献出版社.

勒·柯布西耶，2009. 明日之城市 [M]. 北京：中国建筑工业出版社.

刘文平，佟瞳，张茜，等，2011. 北京市城市农业发展前景研究 [J]. 中国农学通报，27(4): 285-289.

马恩朴，蔡建明，林静，等，2021. 国外城市农业的角色演变、潜在效益及其对中国的启示 [J]. 世界地理研究，30(1): 136-147.

钱静，2010. 英国份地花园的历史与未来 [J]. 中国园林，26(12): 72-76.

秦颖，2013. 构建城市开放空间的可持续生产性景观 [D]. 济南：山东师范大学.

饶银龙，邓青霞，2019. 我国城市农业发展与应用 [J]. 南方农机，50(2): 87, 92.

孙美娜，2018. 基于社区的城市农业空间设计之研究 [D]. 苏州：苏州科技大学.

王俊翔,2016.面向商业空间的城市农业游戏化服务设计研究[D].无锡:江南大学.

王俊翔,巩淼森,2016.服务设计视角下的商业空间城市农业[J].设计(8):124-126.

王泽,2016.基于绿色基础设施理念的城市农业构建方法研究[D].杭州:浙江农林大学.

吴建寨,张晶,张建华,等,2020.国外城市农业研究进展及展望[J].中国农业资源与区划,41(6):66-75.

俞菊生,1999.都市农业的理论与创新体系构筑[J].农业现代化研究(4):16-19.

张馨韵,朱福勇,2013.城市生产性景观的现状与发展趋势[J].广东农业科学,40(19):225-227,237.

赵继龙,陈有川,牟武昌,2011.城市农业研究回顾与展望[J].城市发展研究,18(10):57-63.

赵晶,2023.可食景观设计[M].北京:化学工业出版社.

中国科学院中国植物志编辑委员会,1983.中国植物志[M].北京:科学出版社.

中国农业科学院蔬菜花卉研究所,2021.中国蔬菜品种志[M].北京:中国农业科技出版社.

周德翼,杨海娟,1997.城市农业的理论研究与实践[J].中国农村观察(4):60-67.

周年兴,俞孔坚,2003.农田与城市的自然融合[J].规划师(3):83-85.